DIESES BUCH WIDMEN WIR UNSEREN
KINDERN LIO UND IDA. OHNE EUCH WÄRE DIESE
REISE NUR HALB SO SCHÖN. IHR SEID DIE
BESTEN KINDER, DIE MAN SICH WÜNSCHEN
KANN. WELCH GLÜCK WIR DOCH HABEN.
MAUMAU UND BAUBAU: WIR LIEBEN EUCH
BIS ZUM MOND UND WIEDER ZURÜCK.

MAMA & PAPA

INHALT

BACKEN MACHT...
GLÜCKLICH!

————

Meine lieben angehenden Backprofis,

mein Name ist Timo. Ich leite bei Ankerkraut das Marketing und möchte Euch eine kleine Geschichte erzählen.

Als ich etwa zehn Jahre alt war, rief mein Opa (Herbert) an und sagte, er sei auf der Durchfahrt und würde uns spontan besuchen kommen. Ich war gerade allein zu Hause, überlegte ob mein Opa wohl hungrig sei und kam zu dem Ergebnis, dass er das nach einer so langen Autofahrt sein müsse. So beschloss ich, für ihn Buttermilchwaffeln zu backen. Als er kam, standen die Waffeln heiß und duftend auf dem Tisch. Opa war begeistert. Er konnte nicht glauben, dass ich das allein geschafft hatte, rief sofort meine Oma (Anni) an und berichtete ihr lautstark: „Hömma Anni: Der Timo, der Timo, der kann alles!". Heute, fast 35 Jahre später, denke ich oft daran zurück, wie unglaublich stolz und glücklich ich war und wie sehr ich meinen Opa begeistert hatte.

Eine schöne Erinnerung und somit der Grund für mich, eine Lobeshymne auf richtig gute Backbücher anzustimmen, denn so eines hatte ich damals natürlich auch zur Hilfe. Wir – und vor allem, meine lieben Kolleginnen Juliane und Michaela – haben viel Zeit, Mühe, Wissen und Liebe in die Erstellung unseres ersten Ankerkraut Backbuchs gesteckt und es hat sich gelohnt. Herausgekommen ist: Ein Ideengeber, ein Inspirationswerk, ein Rezepthelfer, ein Backspaßunterstützer, ein Leckerratgeber und ich hoffe auch ein Opa-Enkel-glücklich-Macher.

In diesem Sinne wünsche ich Euch eine wunderbare Zeit beim Lesen, Ausprobieren und natürlich Nachbacken.

Euer Timo

ANKERKRAUT UPDATE

—TONKABOHNE—

DIE TREND-BOHNE

Mit Liebe auf den ersten Blick wird das bei der Tonkabohne zwar nichts, aber die leichte Note von Vanille und Marzipan verzaubert einfach. Sie erinnert mit ihrer schwarzen, schrumpeligen Hülle eher an eine alte Mandel, verführt uns aber mit ihrer aphrodisierenden Wirkung in geheimnisvolle Welten!

—BACKE, BACKE, APFEL—

UNSER BACKGEWÜRZ NO. 1 IST UNSER APFELKUCHEN GEWÜRZ

—RICE, RICE, BABY—

DEZEMBER 2018

In der Würze liegt die Würze - der Ankerkraut Podcast ist live

APRIL / MAI 2019

Ankerkraut eröffnet weitere Stores

JUNI 2019

Risotto-Mischungen erweitern das Sortiment

JUNI 2019

Bio-Zertifizierung - Ahoi!

Oh, wie süß!

WARUM ZUCKER NICHT GLEICH ZUCKER IST

Unsere Gewürze und Gewürzmischungen beinhalten ausschließlich braunen, nicht raffinierten Zucker. Warum? Dieser besitzt eine leichte Karamell- und Vanillenote, die sich perfekt für Kuchen und Co. eignet. Wir sind eben eine echte Geschmacksmanufaktur!

KOKOSBLÜTENZUCKER

Die exotische Süße erquickt das Herz aller Zuckermäuler dieser Welt! Gewonnen aus der Knospe der Kokospalme, versüßt Kokosblütenzucker Kuchen genauso wie Tees und Cocktails.

ROH-ROHRZUCKER

Roh-Rohrzucker wird aus dem Saft des Zuckerrohrs hergestellt und enthält im Gegensatz zu Vollrohrzucker nur noch wenig Melasse (Zuckersirup). Der übrig gebliebene Zuckersirup färbt den Zucker leicht bräunlich.

MUSCOVADO-ZUCKER

Musco… was? Dieser unaussprechlich süße Kavalier hat den langen Weg auf sich genommen, um mit seinem nussigen Karamellaroma Kuchen, Kaffee und gerne auch Marinaden zu versüßen.

11
MEAT & GREET

Du konntest uns 2019 auf 11 Veranstaltungen, wie zum Beispiel Grillmeisterschaften und Genussmärkte in ganz Deutschland besuchen.

JULI 2019

200.000 Fans auf Facebook

AUGUST 2019

Das Sortiment wächst auf über 300 Gewürze

SEPTEMBER 2019

Wir wurden ausgezeichnet als bester deutscher Online-Shop 2019 in der Kategorie Gewürze

NOVEMBER 2019

Das Ankerkraut Backbuch kommt auf den Markt

ERST KNETEN,
DANN BACKEN. „

*Und jederzeit natürlich
naschen.*

Kategorie

BASICS

—HEFETEIG—

Der Hefeteig gehört nicht zu Deinen besten Freunden? Er kann zwar manchmal eine kleine Diva sein, aber so kompliziert ist er gar nicht! Alle Zutaten sollten Zimmertemperatur haben und ausreichend geknetet werden, mindestens 5 Minuten mit den Händen. Außerdem mag er es warm bei max. 40 °C. Lass ihm ausreichend Zeit, um aufzugehen, bis er sich ungefähr verdoppelt hat. Dann wirst Du ihn lieben, versprochen!

SALTED-CARAMEL-ZUPFBROT

50 MIN.   16 SCHEIBEN

ZUTATEN

FÜR DEN HEFETEIG

10 G FRISCHE HEFE

40 G ZUCKER

400 G WEIZENMEHL (TYPE 550)

ETWAS MEHL ZUM BEARBEITEN

½ GESTR. TL ANKERKRAUT MEERSALZ, FEIN

100 ML MILCH

1 EI (GR. M)

40 G WEICHE BUTTER

ETWAS BUTTER ZUM EINFETTEN

FÜR DEN KARAMELL

180 G ZUCKER

125 G SCHLAGSAHNE

100 G BUTTER

ANKERKRAUT FLEUR DE SEL

AUSSERDEM

1 KASTENFORM (30 X 11 CM)

1. Für den Teig Hefe, Zucker und 100 ml lauwarmes Wasser verrühren und zugedeckt 10 – 15 Minuten stehen lassen, bis sich kleine Blasen bilden.

2. Mehl und Salz in einer Schüssel mischen und in die Mehlmitte eine Vertiefung drücken. Das Hefewasser, die Milch und das Ei hinein geben. Die Butter auf dem Mehl verteilen. Die Zutaten zu einem glatten Teig verkneten. Den Teig zugedeckt an einem warmen Ort etwa 2 Stunden gehen lassen.

3. Inzwischen den Zucker für den Karamell bei mittlerer Hitze schmelzen und hellbraun karamellisieren lassen. Den Topf sofort zur Seite ziehen. Die Sahne vorsichtig in den Karamell einrühren. Die Butter dazu geben. Das Ganze unter Rühren erhitzen, bis eine dickflüssige Masse entstanden ist. Die Karamellmasse abkühlen lassen und mit Salz abschmecken.

4. Die Kastenform einfetten. Den Teig auf der bemehlten Arbeitsfläche zu einem Quadrat (etwa 40 x 40 cm) ausrollen und in 16 Quadrate schneiden. Jedes Quadrat in ein etwa 12 cm langes Rechteck ziehen. In die Mitte jeweils 1 Esslöffel Karamell geben und die kurzen Seiten aufeinander legen.

5. Die Kastenform aufrecht an die Wand stellen. Das erste Teigpäckchen flach, mit der geschlossenen Seite zum Formboden, in die Form legen und Karamell mit einem Esslöffel darauf verteilen. Nun abwechselnd alle Teigpäckchen und Karamell schichten.

6. Die Form wieder waagerecht hinstellen, die Päckchen etwas ordnen und den restlichen Karamell darauf verteilen. Den Teig nochmals 15 – 20 Minuten gehen lassen. Den Backofen vorheizen (Ober-/Unterhitze: 180°C/Heißluft: 160°C).

7. Den Teig 25-30 Minuten im vorgeheizten Backofen backen. Danach auf einem Kuchengitter in der Form abkühlen lassen.

— TIPP —

Der Biskuitteig kann bereits am Vortag gebacken werden. Wenn er ausgekühlt ist, den Teig wieder in die Springform geben und zugedeckt bis zum nächsten Tag an einem kühlen Ort lagern.

— BISKUITTEIG —

Er ist ein echter Klassiker unter den Basic-Teigen. Fluffig, leicht wie ein Wölkchen kommt er daher und ist dabei so vielseitig einsetzbar. Als Untergrund für Obstböden und Torten spielt er zwar nicht die Hauptrolle, setzt Buttercreme, Erdbeeren und Co. aber bestmöglich in Szene! Tipp für den perfekten Biskuitboden: Eier ausreichend lang aufschlagen! Die Faustregel lautet: 1 Minute pro verwendetem Ei.

ERDBEERTORTE

 1 STD.   14 PORTIONEN

ZUTATEN

FÜR DEN BISKUITTEIG

5 EIER (GR. M)
½ TL ANKERKRAUT MEERSALZ, FEIN
170 G ZUCKER
1 TL ANKERKRAUT TONKA-ZUCKER
150 G WEIZENMEHL (TYPE 405)
30 G SPEISESTÄRKE
1 TL BACKPULVER

FÜR DIE FÜLLUNG UND ZUM BESTREICHEN

700 G ERDBEEREN
2 BLATT WEISSE GELATINE
4 EL PUDERZUCKER
700 G SCHLAGSAHNE
2 PCK. SAHNESTEIF

AUSSERDEM

1 SPRINGFORM (Ø 26 CM)
1 FLEXIBLER TORTENRING

1. Den Boden der Springform mit Backpapier belegen. Den Back-ofen vorheizen (Ober-/ Unterhitze: 180 °C, Heißluft: 160 °C).

2. Für den Biskuitteig die Eier und 2 Esslöffel heißes Wasser mit dem Mixer (Rührstäbe) kurz aufschlagen. Nach und nach Salz, Zucker und Tonka-Zucker dazu geben und etwa 5 Minuten zu einer schaumigen Masse aufschlagen. Die restlichen Zutaten in zwei Portionen darauf sieben und unterheben. Den Teig in die Form füllen, glatt streichen und im vorgeheizten Backofen etwa 30 Minuten backen.

3. Den Kuchen nach 10 Minuten mit einem Messer vom Rand der Form lösen und vorsichtig auf ein mit Backpapier beleg-tes Kuchengitter stürzen. Den Biskuit erkalten lassen.

4. Für die Füllung die Erdbeeren waschen und abtropfen lassen. Das Grün der Erdbeeren entfernen. Die Gelatine in kaltem Was-ser einweichen. Danach 250 g der Erdbeeren zusammen mit 1 Esslöffel Puderzucker pürieren. Die Gelatine leicht ausdrücken und tropfnass im Topf bei niedriger Hitze schmelzen. 2 Esslöffel Püree unter die Gelatine rühren, dann mit dem restlichen Püree verrühren und kühl stellen, bis das Püree etwas dicker ist.

5. Inzwischen 200 g Erdbeeren in kleine Stücke schneiden. 400 g der Sahne mit dem Mixer (Rührstäbe) etwas anschlagen. 2 Esslöffel Puderzucker und Sahnesteif mischen und langsam in die Sahne rieseln lassen, dabei die Sahne steif schlagen. Die Erdbeerstücke unter die Sahnemasse heben.

6. Den Biskuitboden zweimal waagerecht durchschneiden. Den unteren Teil auf eine Platte legen. Den unteren und mittleren Teil des Biskuitbodens erst mit dem Püree, danach mit Erdbeersahne bestreichen. Alle Biskuitteile wieder aufeinanderlegen. Einen Tor-tenring darum stellen und alles mindestens 1 Stunde kühl stellen.

7. Die übrige Sahne (300 g) mit dem restlichen Puderzucker (1 Esslöffel) steif schlagen. Restliche Erdbeeren (etwa 200 g) halbieren. Den Tortenring entfernen. Die Sahne wellenartig an den Rand und auf die Tortenoberfläche streichen. Die Erdbeer-hälften locker auf der Torte verteilen.

— TIPP —

*Anstelle von Äpfeln kannst Du auch Nekta-
rinen- oder Birnenscheiben verwenden. Wem
das Keks Gewürz zu weihnachtlich erscheint,
der verwendet Apfelkuchen Gewürz oder
gemahlenen Zimt.*

— MÜRBETEIG —

*Egal, ob für Omas Plätzchen zu
Weihnachten oder für eine frisch
belegte Obsttarte am Wochenende:
der Mürbeteig gelingt immer! Zart
und knusprig zugleich soll er sein.
Das gelingt besonders gut, wenn Du
statt Kristallzucker Puderzucker
verwendest. Mürbeteig kann aber
auch anders! Für herzhafte Quiches
oder Tartes einfach den Zucker
ganz weglassen und stattdessen
einen Teelöffel Salz untermischen.*

APFEL-TARTELETTES

40 MIN.   8 TARTELETTES

ZUTATEN

FÜR DEN MÜRBETEIG

250 G WEIZENMEHL

ETWAS MEHL ZUM BEARBEITEN

70 G ZUCKER

1 TL ANKERKRAUT KEKS GEWÜRZ

1 PRISE ANKERKRAUT MEERSALZ, FEIN

150 G BUTTER

ETWAS BUTTER FÜR DIE FÖRMCHEN

1 EI (GR. M)

FÜR DEN BELAG

4 ÄPFEL (Z. B. ELSTAR, JE 120 G)

1 EL ZITRONENSAFT

2 EL APFEL- ODER QUITTENGELEE

PUDERZUCKER ZUM BESTÄUBEN

AUSSERDEM

8 TARTELETTEFÖRMCHEN (Ø JE 12 CM, MIT HERAUSNEHMBAREM BODEN)

1. Für den Teig Mehl, Zucker, Keks Gewürz und Salz in einer Rührschüssel mischen. Die Butter in kleinen Stücken sowie das Ei dazu geben. Die Zutaten mit dem Mixer (Knethaken) zu einem glatten Teig verkneten. Den Teig in Frischhaltefolie wickeln und mindestens 1 Stunde kühl stellen.

2. Inzwischen für den Belag die Äpfel waschen, abtrocknen, vierteln und das Kerngehäuse herausschneiden. Die Viertel der Länge nach in dünne Scheiben schneiden und mit Zitronensaft beträufeln.

3. Den Backofen vorheizen (Ober-/ Unterhitze: 200 °C, Heißluft: 180 °C). Jeweils den Boden der Förmchen einfetten. Den Teig in 8 Portionen teilen. Jede Portion auf der bemehlten Arbeitsfläche zu einer runden Platte (Ø etwa 15 cm) ausrollen. Die Förmchen damit auskleiden. Die Teigböden mit einer Gabel mehrfach einstechen. Das Gelee bei niedriger Hitze im Topf schmelzen und auf die Teigböden streichen. Die Apfelscheiben in den Förmchen verteilen.

4. Die Förmchen auf einem Backofenrost in den Ofen schieben. Die Tartelettes 25 – 30 Minuten backen und auf einem Kuchengitter erkalten lassen. Die Tartelettes aus den Förmchen nehmen und mit Puderzucker bestäuben.

BACK HACKS

ZITRONENSAFT

DU BENÖTIGST FÜR DEN KUCHENTEIG LEDIGLICH EINEN SPRITZER ZITRONE UND MÖCHTEST UNGERN DAFÜR EINE GANZE ZITRONE ANSCHNEIDEN? PIEKSE MIT EINER GABEL ODER EINEM ZAHNSTOCHER EIN KLEINES LOCH IN DIE SCHALE UND PRESSE DIE GEWÜNSCHTE MENGE SAFT RAUS. DANACH KANN DIE ZITRONE FÜR ANDERE ZWECKE AUFBEWAHRT WERDEN.

GESUNDES BACKEN · GESUNDES BACKEN

· BYE BYE BUTTER ·

Du magst nicht immer Butter mit tierischen Fetten verwenden? Brauchst du auch nicht, denn es gibt tolle Alternativen. Das Fruchtfleisch einer reifen Avocado oder Kokosöl erfüllen den gleichen Zweck. Sie sind zwar nicht unbedingt kalorienärmer, aber dafür gesund und super lecker!

KUCHEN SCHNEIDEN OHNE MESSER

Du hast gerade kein geeignetes Messer zur Hand oder bist einfach zu faul zum Abspülen? Dann nimm doch geschmacksneutrale Zahnseide und teile so Tortenböden, Biskuitrollen und Kuchen. Einfach die Zahnseide um den Kuchen legen, die Enden überkreuzen und langsam zusammenziehen.

OHNE EI

In vielen Rezepten sind Eier eine Hauptzutat, können aber problemlos ausgetauscht werden: eine halbe reife Banane oder 3 Esslöffel Apfelmus statt einem Ei machen den Teig schön saftig. 2 Esslöffel gemahlene Leinsamen aufgequollen mit der gleichen Menge Wasser eignen sich mit ihrem nussigen Geschmack besonders gut z. B. für pikantes Gebäck.

IMMER SCHÖN KNUSPRIG BLEIBEN

Um lange Freude an den frisch gebackenen Lieblingskeksen zu haben, sollten sie gut aufbewahrt werden! Goldene Regel: erst abkühlen lassen und dann ab in die Dose. Kekse bleiben besonders knusprig, wenn zusätzlich ein paar Reiskörner mit reingelegt werden. Weiche Kekse bleiben länger weich, wenn Du Apfelschnitze mit in die Dose legst.

WARUM SICH DAS LEBEN SCHWER MACHEN, WENN ES NUR EIN PAAR KLEINE TRICKS BRAUCHT, UM DAS GEWÜNSCHTE ERGEBNIS ZU ERZIELEN. DAS GRÜBELN UND ZEITVERSCHWENDEN HAT EIN ENDE, HIER KOMMEN DIE ULTIMATIVEN LIFEHACKS FÜR DEINE POTENZIELLEN BACKPANNEN.

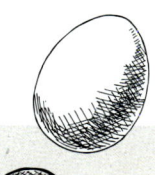

EIER-TRENNUNG MIT PLASTIKFLASCHE

DU HAUST DIE EIER IN DIE SCHÜSSEL UND WILLST SCHON ALLES MITEINANDER VERRÜHREN, ALS DIR AUFFÄLLT, DASS EIGELB UND EIWEISS GETRENNT WERDEN SOLLTEN? BEVOR DU JETZT MÜHSELIG MIT EINEM LÖFFEL VERSUCHST, DAS MALHEUR RÜCKGÄNGIG ZU MACHEN, KANNST DU MIT EINER LEEREN PLASTIKFLASCHE DAS EIGELB EINFACH „ABSAUGEN", INDEM DU DIE FLASCHE LEICHT ZUSAMMEN DRÜCKST, DIE FLASCHENÖFFNUNG VORSICHTIG AUF DAS EIGELB SETZT UND DANN DIE FLASCHE WIEDER ENTSPANNEN LÄSST.

—AUF DIE NÜSSE—

Zugegebenermaßen, es klingt etwas rabiat, aber das Ergebnis stimmt! Nüsse können mit einem Kochtopf oder einem Gummihammer grob zerkleinert werden, ohne dass Splitter durch die Küche fliegen. Dazu einfach die Nüsse in einen Gefrierbeutel packen und vorsichtig zuschlagen.

VERBRANNTE PLÄTZCHEN RETTEN

HAST DU DEINEM BACKWERK EIN BISSCHEN ZU VIEL SONNE IM OFEN GEGÖNNT UND JETZT SIND SIE AN DER OBERFLÄCHE ANGEBRANNT? KEINE PANIK, RETTUNG NAHT! MIT EINER KÜCHENREIBE KANN DIE ERSTE SCHICHT EINFACH WEGGERASPELT WERDEN. VERBLEIBENDE UNSCHÖNE STELLEN MIT ZUCKERGUSS ODER SCHOKOLADE VERZIEREN UND NIEMAND WIRD DAS KLEINE MISSGESCHICK BEMERKEN!

SCHOKO RASPELN

Schokoladenraspeln als Deko sind nicht nur schön anzusehen, sondern auch verdammt lecker – man kann schließlich seine Lieblingssorte raspeln! Dazu mit einem Sparschäler direkt von dem Schokoladenblock oder der Tafel Schokolade abschälen. Am besten funktioniert es, wenn die Schokolade vorher ein paar Minuten im Kühlschrank aufbewahrt wird. Die übrig gebliebene Schokolade kann natürlich umgehend verzehrt werden.

—ERSTE HEFE—

Für spontane Backaktionen lohnt es sich immer, ein paar Tütchen Trockenhefe im Schrank zu haben. Sie ist sehr lange haltbar und kann einfach zum Teig dazugegeben werden. Frische Hefe dagegen, sollte nicht länger als 2 Wochen im Kühlschrank aufbewahrt werden und muss vorher in lauwarmem Wasser eingeweicht werden. Ein Würfel frische Hefe entspricht 2 Päckchen Trockenhefe.

EISCHNEE

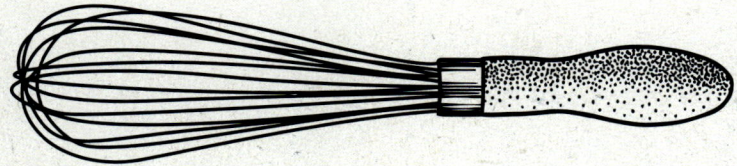

Woran erkennt man perfekten Eischnee? Wenn Du die Schüssel auf den Kopf drehen kannst und kein Unfall passiert, hat er die richtige Konsistenz! Mit einer Prise Salz wird das Ergebnis noch besser, da Salz die Feuchtigkeit bindet und somit für eine gleichmäßig steife Masse sorgt. So bleibt der Eischnee auch nach dem Aufschlagen länger steif.

—KEKSTEIG—

*Du liebst Kuchen, hast aber keine
Lust den Teig aufwändig zu kneten?
Gönn Dir und dem Ofen ne Pause!
No bake Cakes sind total
angesagt und super schnell vorbereitet. Der Boden besteht aus
Keksbröseln oder ganzen Keksen.
Paradebeispiel ist der Kalte Hund
aus Kindertagen, bei dem Butterkekse und Schokolade abwechselnd
geschichtet werden. Das Leben kann
so herrlich süß und einfach sein.*

FRISCHKÄSE-TORTE

MIT MARSHMALLOWS

 50 MIN.   8 STÜCKE

ZUTATEN

FÜR DEN KEKSBODEN

80 G BUTTER
130 G BUTTERKEKSE
2 TL ANKERKRAUT HAMBURGER CHAI PORRIDGE GEWÜRZ

FÜR DIE KÄSECREME

1 GRANATAPFEL
4 BLATT WEISSE GELATINE
500 G DOPPELRAHM FRISCHKÄSE
2-3 EL ZITRONENSAFT
30 G ANKERKRAUT ROH-ROHRZUCKER
125 G SCHLAGSAHNE

FÜR DEN GUSS

3 BLATT WEISSE GELATINE
30 ML GRENADINE SIRUP
30 G MINI-MARSHMALLOWS, WEISS UND ROSA

AUSSERDEM

1 HERZFORM ALS RAHMEN
(ETWA 20 CM BREIT, 17 CM LANG)

1. Eine Tortenplatte mit Backpapier belegen. Die Herzform daraufstellen. Für den Keksboden die Butter schmelzen. Die Butterkekse in einen Gefrierbeutel geben und mit der Teigrolle fein zerkrümeln. Krümel in eine Schüssel geben und mit Butter und Hamburger Chai mischen. Die Krümelmasse in die Herzform füllen und mit einem Löffel gleichmäßig andrücken. Mindestens 30 Minuten kühl stellen.

2. Für die Käsecreme die Kerne aus dem Granatapfel herauslösen. Gelatine 5 Minuten in kaltem Wasser einweichen. Frischkäse mit Zitronensaft und Zucker glatt rühren. Die Sahne steif schlagen. Gelatine leicht ausdrücken und in einem Topf bei niedriger Hitze schmelzen. 3 Esslöffel Frischkäse unter die Gelatine rühren und anschließend mit dem restlichen Frischkäse verrühren. Sahne und 70 g Granatapfelkerne unterheben, die restlichen Kerne beiseite stellen. Die Creme in die Herzform füllen und glatt streichen. Mindestens 1 Stunde kühl stellen.

3. Für den Guss die Gelatine 5 Minuten in kaltem Wasser einweichen, leicht ausdrücken und in einem Topf bei niedriger Hitze schmelzen. Anschließend den Sirup mit 125 ml Wasser verrühren. 100 g Granatapfelkerne abwiegen und auf der Creme in der Herzform verteilen. Den Guss auf die Kerne geben. Den Kuchen mindestens 2 Stunden kühl stellen, bis der Guss fest ist.

4. Ein schmales Messer in heißes Wasser tauchen, das Herz damit von der Form lösen und das Backpapier entfernen. Marshmallows an den Herzrand drücken und auf die Tortenplatte verteilen. Übrige Granatapfelkerne zum Herz servieren.

— QUARK-ÖL-TEIG —

*Der Besuch steht quasi schon vor
der Tür, du hast aber keine Zeit
mehr für einen Hefeteig? Dann
greif zur schnellen Alternative, dem
Quark-Öl-Teig. Er steht dem Hefeteig in nichts nach und ist binnen
Minuten vorbereitet! Noch eine gute
Nachricht: mit 6 EL Öl ist der Teig
obendrein auch noch fettärmer als
sein Mitstreiter. Da kann man sich
gleich ohne schlechtes Gewissen
noch ein Stück erlauben!*

MANDELKRANZ

 35 MIN. 12 STÜCKE

ZUTATEN

FÜR DEN QUARK-ÖL-TEIG

300 G WEIZENMEHL (TYPE 405)
ETWAS MEHL ZUM BEARBEITEN
2 GESTR. TL BACKPULVER
70 G ZUCKER
1 PRISE ANKERKRAUT MEERSALZ, FEIN
150 G MAGERQUARK
75 ML MILCH
100 ML SONNENBLUMEN- ODER RAPSÖL

FÜR DIE FÜLLUNG

200 G GEHACKTE MANDELN
50 G GEMAHLENE MANDELN
60 G BRAUNER ZUCKER
2 EL ANKERKRAUT WEIHNACHTSPUPS
170 G APRIKOSENKONFITÜRE
30 G WEICHE BUTTER

ZUM BESTREICHEN

1 EIGELB
2 EL MILCH

1. Den Backofen vorheizen (Ober-/ Unterhitze: 180 °C, Heißluft: 160 °C). Für die Füllung die gehackten Mandeln auf ein Backblech geben und im vorgeheizten Ofen 5 – 10 Minuten goldbraun rösten. Danach auf einem Teller erkalten lassen.

2. Inzwischen für den Teig Mehl, Backpulver, Zucker und Salz in einer Schüssel mischen. Quark, Milch und Öl dazu geben. Die Zutaten mit dem Mixer (Knethaken) rasch zu einem Teig verkneten. Den Teig auf der bemehlten Arbeitsfläche kurz kneten und zu einem Rechteck (30 x 45 cm) ausrollen.

3. Für die Füllung die gemahlenen Mandeln mit braunem Zucker und Weihnachtspups mischen. Konfitüre, Butter und geröstete Mandeln unterrühren. Die Masse auf der Teigplatte verteilen und glatt streichen, dabei rundherum einen 2 cm breiten Rand frei lassen. Die Platte von einer langen Seite her aufrollen. Ein Backblech mit Backpapier belegen.

4. Die Rolle auf das Backpapier legen und zu einem Ring schließen. Den Ring rundherum, in etwa 3 cm breiten Abständen, ca. bis zur Hälfte tief einschneiden, sodass der Ring erhalten bleibt. Die entstandenen Scheiben leicht nach rechts auf das Backpapier drehen.

5. Das Eigelb mit der Milch verquirlen und auf den Ring streichen. Den Mandelkranz im vorgeheizten Backofen (Ober-/ Unterhitze: 180 °C, Heißluft: 160 °C) etwa 30 Minuten backen. Den Kranz auf dem Backblech auf einem Kuchengitter erkalten lassen.

WENN DU ANGST
VOR BUTTER HAST:
NIMM SAHNE! 66

*Alles andere hat nicht
so viel Auswirkungen
auf die Figur.*

Kategorie

SAUCEN,
CREMES & PUDDING

PANNA COTTA
MIT APRIKOSENSAUCE

25 MIN.   4 PORTIONEN

ZUTATEN

FÜR DIE PANNA COTTA

1/4 VANILLESCHOTE
400 G SCHLAGSAHNE
40 G ZUCKER
1 MSP. ANKERKRAUT KARDAMOM, GEMAHLEN
3 BLATT WEISSE GELATINE

FÜR DIE APRIKOSENSAUCE

350 G FRISCHE APRIKOSEN
1 BIO-ZITRONE
50 G ZUCKER
1-2 MSP. ANIS, GEMAHLEN
1 TL SPEISESTÄRKE

AUSSERDEM

4 STURZFÖRMCHEN ODER TASSEN
(JE 150 ML INHALT)

1. Für die Panna Cotta die Vanilleschote der Länge nach aufschneiden und das Mark herauskratzen. Die Sahne mit Zucker, Kardamom, Vanilleschote und -mark aufkochen. Anschließend auf dem ausgeschalteten Herd 15 Minuten ziehen lassen.

2. Die Gelatine in kaltem Wasser einweichen, nach 5 – 10 Minuten leicht ausdrücken und in der heißen Sahne schmelzen. Die Sahne durch ein Sieb geben, in die Förmchen verteilen, abkühlen lassen und mindestens 4 Stunden kühl stellen.

3. Für die Aprikosensauce die Aprikosen waschen, abtropfen lassen, halbieren, entsteinen und in kleine Stücke schneiden. Die Zitrone abwaschen. Etwa ein Viertel der Schale fein abreiben, die Zitrone halbieren und auspressen. Die Aprikosenstücke mit Zitronenschale, Zucker, Anis und 1 EL Zitronensaft verrühren und 30 Minuten ziehen lassen.

4. Die Aprikosenstücke mit dem Saft aufkochen. Die Speisestärke mit 1 EL Wasser glatt rühren und unter die kochenden Aprikosen rühren. Die Sauce mit Anis und Zitronensaft abschmecken und erkalten lassen.

5. Die Förmchen kurz in heißes Wasser tauchen, die Panna Cotta auf Teller stürzen und mit Aprikosensauce anrichten.

3 BUTTERCREME VARIANTEN

 25 MIN.   ⊗ 1 TORTE ODER 12 CUPCAKES

01

02

FÜR DIE SCHOKO-BUTTERCREME

1 PCK. PUDDINGPULVER SCHOKOLADE
2 TL ANKERKRAUT SCHOKO-KIRSCH PORRIDGEGEWÜRZ
500 ML MILCH
250 G BUTTER
90 G PUDERZUCKER

FÜR DIE TONKA-EUTTERCREME

1 PCK. PUDDINGPULVER SAHNE-GESCHMACK
2 – 3 TL ANKERKRAUT TONKA- ZUCKER
500 ML MILCH
250 G BUTTER
80 G PUDERZUCKER

FÜR DIE ZIMT-BUTTERCREME

1 PCK. PUDDINGPULVER SAHNE-GESCHMACK
2 – 3 TL ANKERKRAUT CEYLON ZIMT, GEMAHLEN
500 ML MILCH
250 G BUTTER
90 G PUDERZUCKER

GRUNDREZEPT

Die Creme eignet sich für gespritzte Tuffs ebenso wie zum Bestreichen von Tortenböden. Die Menge reicht zum Garnieren von 12 Cupcakes, zum Füllen einer kleinen Torte oder eines Kuchens. Sie sollte direkt nach dem Aufschlagen verwendet werden. Erst danach die Creme kühl stellen.

1. Das Puddingpulver und die Gewürzmischung für die Creme deiner Wahl mit 6 Esslöffeln Milch glatt rühren. Die restliche Milch aufkochen. Das angerührte Puddingpulver dazu geben und unter Rühren aufkochen. Den Pudding in eine Schüssel füllen. Damit sich auf dem Pudding keine Haut bildet, direkt auf einen Bogen Backpapier legen. Den Pudding bei Zimmertemperatur erkalten lassen.

2. Die Butter aus dem Kühlschrank nehmen. Wenn der Pudding abgekühlt ist, sollte die Butter die gleiche Temperatur haben. Butter und Puderzucker mit dem Mixer (Rührstäbe) schaumig rühren. Den Pudding esslöffelweise unterrühren. Dabei darauf achten, dass sich die Buttermasse gut mit dem Pudding verbindet. Gibt man zu viel auf einmal dazu, setzt sich die Buttermasse ab.

01 SCHOKO-BUTTERCREME

Für die Schoko-Buttercreme das Schoko-Puddingpulver und Schoko-Kirsch Gewürz mit 6 Esslöffeln Milch glatt rühren.

02 TONKA-BUTTERCREME

Für die Tonka-Buttercreme das Sahne-Puddingpulver und den Tonka-Zucker mit 6 Esslöffeln der Milch glatt rühren.

03 ZIMT-BUTTERCREME

Für die Zimt-Buttercreme das Sahne-Puddingpulver und den Zimt mit 6 Esslöffeln der Milch glatt rühren.

— TIPP —

Dazu passt z. B. die Vanillesauce von Seite 29 oder einfach Sahne-joghurt oder Schlagsahne.

ROTE GRÜTZE

10 MIN.   4 PORTIONEN

ZUTATEN

400 ML ROTER JOHANNISBEERNEKTAR

20 G SPEISESTÄRKE

60 G ZUCKER

2 – 3 TL ANKERKRAUT FRUIT & DESSERT

500 G TK- GEMISCHTE BEEREN

1. Vom Johannisbeernektar 6 Esslöffel abnehmen und mit der Stärke glatt rühren. Den restlichen Nektar mit Zucker aufkochen. Die Stärke unterrühren, aufkochen und mit Fruit & Dessert würzen. Die gefroreren Früchte unterrühren. Die Grütze vom Herc nehmen und erkalten lassen.

Wer grade keinen Johannisbeernektar da hat, kann die Grütze auch mit Apfelsaft zubereiten.

KARAMELL-CREME

 20 MIN.   4 PORTIONEN

ZUTATEN

160 G ZUCKER

3 EIER (GR. M)

2 EIGELB (GR. M)

1 EL ANKERKRAUT GEBRANNTE MANDELN GEWÜRZ

500 ML MILCH

125 G BROMBEEREN

AUSSERDEM

4 OFENFESTE GLÄSER (JE 250 ML INHALT)

1 GROSSE, FLACHE AUFLAUFFORM ODER DIE
SAFTPFANNE DES BACKOFENS

1. Für den Karamell 100 g Zucker und 2 Esslöffel Wasser in einen flachen Topf geben. Den Zucker hellbraun karamellisieren lassen. Den Karamell sofort in die Gläser geben und fest werden lassen.

2. Für die Creme Eier, Eigelb, restlichen Zucker (60 g) und Gebrannte Mandeln Gewürz verrühren. Die Milch aufkochen und mit einem Schneebesen nach und nach unter die Eiermasse rühren. Die Eiermilch etwas abkühlen lassen. Den Backofen vorheizen (Ober-/ Unterhitze: 120 °C, Heißluft: 100 °C).

3. Die Eiermilch durch ein feines Sieb in die Gläser gießen. Die Gläser in eine große, flache Auflaufform oder die Saftpfanne des Backofens stellen und in den Backofen schieben. So viel heißes Wasser in die Auflaufform oder die Saftpfanne füllen, dass die Förmchen mindestens 3 cm hoch im Wasser stehen. Die Creme 1½ – 2 Stunden im Ofen fest werden lassen. Die Förmchen auf ein Kuchengitter stellen und die Creme erkalten lassen. Anschließend zudecken und mindestens 6 Stunden kühl stellen.

4. Die Brombeeren kurz waschen und auf Küchenpapier abtropfen lassen. Die Creme mit einem Messer vom Rand der Gläser lösen, auf Teller stürzen und mit Brombeeren servieren.

„WIE MÖCHTEST DU
DEINEN KAFFEE?“

„MIT KUCHEN.“

Und Sahne.

Kategorie

KLASSIKER

— TIPP —

*Wenn Du Süßkirschen
verwenden möchtest, kann der
Schmand zusätzlich mit etwas
geriebener Zitronen- oder
Limettenschale gewürzt werden.*

STREUSEL-KUCHEN
MIT KIRSCHEN

 50 MIN.   12 STÜCKE

ZUTATEN

FÜR DEN TEIG UND DIE STREUSEL

350 G WEIZENMEHL (TYPE 405)
1 – 2 EL ANKERKRAUT STREUSELKUCHEN GEWÜRZ
1 TL BACKPULVER
150 G ZUCKER
1 PRISE ANKERKRAUT MEERSALZ, FEIN
180 G WEICHE BUTTER
ETWAS BUTTER FÜR DIE FORM
1 EI (GR. M)

FÜR DIE FÜLLUNG

20 G SPEISESTÄRKE
70 G ZUCKER
1 PCK. TK-SAUERKIRSCHEN (300 G)
1 EL SEMMELBRÖSEL (VOM BÄCKER)
300 G SCHMAND
ETWAS PUDERZUCKER ZUM BESTÄUBEN

AUSSERDEM

1 SPRINGFORM (Ø 26 CM)

1. Den Boden der Springform mit etwas Butter einfetten. Den Backofen vorheizen (Ober-/ Unterhitze: 180 °C, Heißluft: 160°C).

2. Für die Streusel Mehl, Streuselkuchen Gewürz, Backpulver, Zucker und Salz in einer Rührschüssel mischen. Das Ei separat in einer Schüssel verquirlen. Butter und verquirltes Ei zum Mehl geben und mit dem Mixer (Rührstäbe) kurz auf niedriger, dann auf mittlerer Stufe zu Streuseln verarbeiten. Die Streusel in 3 Portionen teilen.

3. Eine Portion Streusel auf dem Boden der Springform verteilen, zu einem Boden andrücken und ohne den Springformrand etwa 15 Minuten vorbacken. Den Boden etwas abkühlen lassen. Die Springform schließen. Die zweite Portion Streusel auf den vorgebackenen Boden in die Form geben und etwa 3 cm hoch an den Rand der Form drücken.

4. Für die Füllung Stärke, Zucker und die tiefgekühlten Sauerkirschen in einer Schüssel mischen. Nacheinander die Semmelbrösel und die Kirschenmischung in der Form verteilen und mit Schmand bedecken. Die übrigen Streusel darauf verteilen. Das Ganze bei gleicher Temperatur etwa 35 Minuten backen.

5. Die Form auf ein Kuchengitter stellen. Nach 15 Minuten den Springformrand öffnen und den Kuchen erkalten lassen. Den Kuchen nach Belieben mit Puderzucker bestäuben.

KÄSEKUCHEN

OHNE BODEN

15 MIN.   8 STÜCKE

ZUTATEN

FÜR DIE KÄSEKUCHENMASSE

3 EIER (GR. M)
90 G BRAUNER ZUCKER
1 MSP. ANKERKRAUT MEERSALZ, FEIN
500 G MAGERQUARK
50 G WEICHE BUTTER
100 G SCHLAGSAHNE
50 G SPEISESTÄRKE
1 – 2 EL ANKERKRAUT ZITRONENGRAS

ZUM GARNIEREN

100 G HEIDELBEEREN
ETWAS PUDERZUCKER ZUM BESTÄUBEN

AUSSERDEM

1 SPRINGFORM (Ø 20 – 22 CM)

1. Die Springform mit Backpapier auslegen. Den Backofen vorheizen (Ober-/ Unterhitze: 180 °C, Heißluft: 160 °C).

2. Eier, braunen Zucker und Salz in eine Rührschüssel geben und mit dem Mixer (Rührstäbe) zu einer dicken Creme aufschlagen. Nacheinander Quark, Butter und Sahne kurz unterrühren.

3. Speisestärke und Zitronengras mischen, auf die Masse sieben und mit einem Schneebesen unterheben. Die Käsemasse in die Form füllen und auf der unteren Einschubleiste des Ofens etwa 50 Minuten backen.

4. Die Form auf ein Kuchengitter stellen. Den Kuchen nach 10 Minuten vorsichtig mit einem Messer vom Rand der Form lösen und in der Form erkalten lassen. Inzwischen die Heidelbeeren waschen und auf Küchenpapier abtropfen lassen.

5. Den Kuchen aus der Form lösen und vor dem Servieren mit Heidelbeeren belegen und mit Puderzucker bestäuben.

— TIPP —

*Für Weihnachtswaffeln zusätzlich
½ TL Ankerkraut Ceylon Zimt in
den Teig rühren. Dazu schmeckt
Apfel- oder Kirschkompott und
Vanilleeis.*

BELGISCHE WAFFELN

1 STD.   8 WAFFELN

ZUTATEN

200 ML MILCH

10 G ZUCKER

10 G FRISCHE HEFE

370 G WEIZENMEHL (TYPE 405)

1 PRISE ANKERKRAUT MEERSALZ, FEIN

1 – 2 TL ANKERKRAUT WAFFEL TOPPING

ETWAS ANKERKRAUT WAFFEL TOPPING ZUM BESTREUEN

2 EIER (GR. M)

120 G WEICHE BUTTER

150 G WÜRFELZUCKER

ÖL FÜR DAS WAFFELEISEN

EVTL. OBST ODER KOMPOTT

AUSSERDEM

1 WAFFELEISEN FÜR DICKE RUNDE
ODER ECKIGE WAFFELN

1. Die Milch leicht erwärmen, mit Zucker und Hefe verrühren und 5 Minuten ruhen lassen. Das Mehl mit Salz und Waffel Gewürz in einer Schüssel mischen. Die Hefemilch, Eier und Butter dazu geben und zu einem glatten, zähen Teig verrühren. Den Teig zugedeckt etwa 40 Minuten ruhen lassen.

2. Inzwischen den Würfelzucker mit dem glatten Boden eines Topfes oder stabilen Glases leicht zerdrücken. (Die kleinen Zuckerklümpchen bleiben als kleine Knusperteilchen beim Backen erhalten oder karamellisieren.)

3. Das Waffeleisen vorheizen. Zerdrückten Würfelzucker unter den Teig heben. Das Waffeleisen leicht mit Öl bestreichen. Für jede Waffel 2 Esslöffel Teig in das Waffeleisen geben, mit dem Löffel leicht verstreichen und jeweils etwa 4 Minuten backen. Die Waffeln zum Abkühlen auf ein Kuchengitter legen. Das Waffeleisen zwischendurch mit Küchenpapier auswischen.

4. Die lauwarmen Waffeln mit Waffel Topping bestreuen und nach Belieben mit klein geschnittenem Obst servieren.

— TIPP —

Die Zimtröllchen können auch mit
1 Pck. Trockenhefe (7 g) zubereitet
werden. Sie wird einfach mit dem Mehl,
dem Salz und dem gesamten Rohrzucker in der Rührschüssel gemischt.
Das lauwarme Wasser und die Milch
werden, wie beschrieben, in die
Mehlmulde gegeben.

ZIMT-RÖLLCHEN

MIT TONKA-FROSTING

 50 MIN.   12 STÜCKE

ZUTATEN

FÜR DEN TEIG

20 G FRISCHE HEFE
70 G ANKERKRAUT ROH-ROHRZUCKER
700 G WEIZENMEHL (TYPE 405)
ETWAS MEHL ZUM BEARBEITEN
½ TL ANKERKRAUT MEERSALZ, FEIN
200 ML LAUWARME MILCH
2 EIER (GR. M)
70 ML ÖL (KEIM-, RAPS-, ODER SONNENBLUMENÖL)

FÜR DIE FÜLLUNG

120 G BUTTER
ETWAS BUTTER FÜR DIE FORM
170 G ANKERKRAUT MUSCOVADO-ZUCKER
2 – 3 TL ANKERKRAUT CEYLON ZIMT, GEMAHLEN

FÜR DAS FROSTING

60 G WEICHE BUTTER
120 G DOPPELRAHMFRISCHKÄSE (ZIMMERTEMPERATUR)
100 G GESIEBTER PUDERZUCKER
1 – 2 TL ANKERKRAUT TONKA-ZUCKER

AUSSERDEM

1 QUADRATISCHE SPRINGFORM (26 X 26 CM)

1. Für den Teig Hefe, 1 Esslöffel Rohrzucker und 100 ml lauwarmes Wasser verrühren und zugedeckt 5 – 10 Minuten stehen lassen, bis sich kleine Blasen bilden.

2. Mehl, Salz und den restlichen Rohrzucker in einer Schüssel mischen. In die Mehlmitte eine Mulde drücken. Das Hefewasser und die Milch in die Mitte geben. Die Eier und das Öl dazu geben. Die Zutaten zu einem glatten, leicht klebrigen Teig verkneten. Anschließend den Teig zugedeckt etwa 3 Stunden gehen lassen, bis sich das Volumen fast verdoppelt hat.

3. Für die Füllung die Butter schmelzen und mit Muscovado-Zucker und Zimt verrühren. Die Springform mit Backpapier auslegen.

4. Den Teig auf einer bemehlten Arbeitsfläche zu einem Rechteck (etwa 40 x 54 cm) ausrollen und mit der Füllung bestreichen. Dabei rundherum einen etwa 1 cm breiten Rand frei lassen. Den Teig von der langen Seite her aufrollen und in 12 Stücke schneiden. Die Stücke mit der Schnittfläche nach unten in die Form legen. Die Form zudecken und die Röllchen etwa 20 Minuten gehen lassen.

5. Den Backofen vorheizen (Ober-/ Unterhitze: 180°C/ Heißluft: 160 °C). Die Röllchen im vorgeheizten Backofen etwa 20 – 25 Minuten backen. Für das Frosting inzwischen die Butter mit Frischkäse, Puderzucker und Tonka-Zucker verrühren.

6. Die Zimtröllchen nach dem Backen mit dem Frosting bestreichen.

—TIPP—

Für noch mehr Nussgeschmack etwa
70 g schnittfeste Nussnougatmasse in
einer Metallschüssel über dem Was-
serbad bei niedriger Hitze schmelzen.
Nougat etwas abkühlen lassen, auf
den Kuchen träufeln und mit Hasel-
oder Walnusskernen garnieren.

NUSSKUCHEN

20 MIN.   12 STÜCKE

ZUTATEN

120 G GEMAHLENE HASELNUSSKERNE

100 G WALNUSSKERNE

170 G WEICHE BUTTER

ETWAS BUTTER FÜR DIE FORM

150 G BRAUNER ZUCKER

1 MSP. ANKERKRAUT MEERSALZ, FEIN

4 EIER (GR. M)

120 G WEIZENMEHL (TYPE 550)

2 GESTR. TL BACKPULVER

1 – 2 TL ANKERKRAUT MUSKATNUSS, GEMAHLEN

ETWAS PUDERZUCKER ZUM BESTÄUBEN

AUSSERDEM

1 GUGELHUPFFORM (Ø 20 – 22 CM)

1. Die gemahlenen Haselnüsse in einer Pfanne bei mittlerer Hitze goldbraun rösten und auf einem Teller erkalten lassen. Die Walnusskerne grob hacken. Die Gugelhupfform einfetten und kühl stellen. Den Backofen vorheizen (Ober-/ Unterhitze: 180 °C, Heißluft: 160 °C).

2. Butter, braunen Zucker und Salz in eine Rührschüssel geben und mit dem Mixer (Rührstäbe) zu einer cremigen Masse aufschlagen. Nacheinander die Eier unterrühren, dabei jeweils so lange rühren, bis die Masse wieder glatt ist.

3. Geröstete und gehackte Nusskerne unterrühren. Mehl, Backpulver und Muskat mischen und ebenfalls unterrühren. Den Teig in die vorbereitete Form füllen und im vorgeheizten Backofen etwa 50 Minuten backen.

4. Die Form auf ein Kuchengitter stellen. Den Kuchen nach 5 Minuten vorsichtig aus der Form auf das Gitter stürzen und erkalten lassen. Den Kuchen mit Puderzucker bestäuben und servieren.

„SCHOKOLADE STELLT
KEINE DUMMEN FRAGEN,
SCHOKOLADE VERSTEHT.“

Immer.
Und zu jeder Zeit.

Kategorie

SCHOKOLADIGES

SAFTIGER

SCHOKOLADEN-KUCHEN

 40 MIN.   8 STÜCKE

ZUTATEN

FÜR DEN TEIG

150 G ZARTBITTERSCHOKOLADE

2 EL NUSSÖL

1 REIFE AVOCADO (130 G)

3 EIER (GR. M)

100 G ZUCKER

1 PRISE ANKERKRAUT MEERSALZ, FEIN

40 G WEIZENMEHL (TYPE 405)

1 TL BACKPULVER

40 G ANKERKRAUT KAKAONIBS

FÜR DEN GUSS

150 G ZARTBITTERSCHOKOLADE

125 G SCHLAGSAHNE

AUSSERDEM

1 SPRINGFORM (Ø 18 CM)

1. Den Boden der Springform mit Backpapier belegen. Für den Teig die Schokolade hacken und zusammen mit dem Öl in eine kleine Metallschüssel geben. Die Schokolade bei niedriger Hitze über dem Wasserbad schmelzen und mit dem Öl verrühren. Die Avocado schälen, den Kern entfernen und das Fruchtfleisch pürieren.

2. Den Backofen vorheizen (Ober-/ Unterhitze: 160 °C, Heißluft: 140 °C). Die Eier und 2 Esslöffel heißes Wasser mit dem Mixer (Rührstäbe) kurz aufschlagen. Nach und nach den Zucker und das Salz dazu geben und etwa 5 Minuten zu einem Schaum aufschlagen.

3. Die lauwarme Schokomasse und das Püree nacheinander kurz unter die Eiercreme rühren. Mehl und Backpulver mischen, auf die Masse sieben und kurz unterrühren. Zum Schluss die Kakaonibs unterheben.

4. Den Teig in die Form füllen, glatt streichen und im vorgeheizten Backofen etwa 30 Minuten backen. Die Form auf ein Kuchengitter stellen. Den Kuchen nach 10 Minuten vorsichtig aus der Form stürzen, umdrehen und auf einem Gitter erkalten lassen.

5. Für den Guss die Schokolade fein hacken. Die Sahne aufkochen, in eine Schüssel füllen, die Schokolade dazu geben und nach 2 Minuten umrühren. Den Guss etwas abkühlen lassen und mit Hilfe eines Esslöffels wellenartig auf den Kuchen streichen.

— TIPP —

Ich verwende auch gerne abgetropfte Pfirsiche
oder Aprikosen aus der Dose. Diese müssen
nicht mehr gesüßt werden.

BISKUIT-ROULADE
MIT NEKTARINEN

 35 MIN.   16 SCHEIBEN

ZUTATEN

FÜR DEN BISKUITTEIG

90 G WEIZENMEHL (TYPE 405)

20 G ANKERKRAUT BETÖRENDE SCHOKOLADE

3 TL KAKAOPULVER

ETWAS KAKAOPULVER ZUM BESTÄUBEN

3 EIER (GR. M)

1 EIGELB (GR. M)

110 G ZUCKER

ETWAS ZUCKER FÜR DAS BACKPAPIER

½ TL ANKERKRAUT MEERSALZ, FEIN

FÜR DIE FÜLLUNG

250 G NEKTARINEN

1 EL ZITRONENSAFT

1 TL ZUCKER

2 BLATT WEISSE GELATINE

300 G SCHLAGSAHNE

1 EL PUDERZUCKER

1. Den Backofen vorheizen (Ober-/ Unterhitze: 180 °C, Heißluft: 160 °C). Ein Backblech (30 x 40 cm) mit Backpapier belegen. Für den Teig Mehl, Betörende Schokolade und Kakaopulver mischen. Die Eier und das Eigelb zusammen mit 2 Esslöffeln heißem Wasser mit dem Mixer (Rührstäbe) kurz aufschlagen. Zucker und Salz nach und nach dazu geben und etwa 5 Minuten zu einer schaumig, festen Masse aufschlagen.

2. Die Mehlmischung darauf sieben und mit einem Schneebesen unterheben. Den Teig auf das Backblech geben, glatt streichen und im vorgeheizten Backofen etwa 10 Minuten backen.

3. In der Zwischenzeit einen Bogen Backpapier auf die Arbeitsfläche legen und dünn mit Zucker bestreuen. Den fertig gebackenen Teig direkt nach dem Backen auf das gezuckerte Papier stürzen. Das mitgebackene Papier abziehen. Den Biskuit von einer langen Seite her zusammen mit dem gezuckerten Papier aufrollen und erkalten lassen.

4. Für die Füllung die Nektarinen waschen, trocken tupfen, vierteln und die Steine entfernen. Die Viertel quer in dünne Scheiben schneiden und mit Zitronensaft und Zucker mischen. Die Gelatine in kaltem Wasser einweichen

5. Sahne und Puderzucker mit dem Mixer (Rührstäbe) steif schlagen. Die Gelatine leicht ausdrücken, in einem kleinen Topf bei niedriger Hitze schmelzen und mit den gezuckerten Nektarinen verrühren. Die Sahne unterheben.

6. Den Biskuit wieder abwickeln und mit der Creme bestreichen. Dabei rundherum einen etwa 2 cm breiten Rand frei lassen. Den bestrichenen Biskuit von einer langen Seite her aufrollen und fest mit Backpapier umwickeln. Die Rolle für mindestens 1 Stunde in den Kühlschrank legen. Die Rolle auspacken, dünn mit Kakao bestäuben und in Scheiben schneiden.

—TIPP—

*Den Kuchen bereits am Vortag
backen, auskühlen lassen und
zudecken. Dann lässt er sich
gut schneiden und ist etwas
durchgezogen.*

NAKED CAKE
MIT BEEREN

 40 MIN.   12 STÜCKE

ZUTATEN

FÜR DEN BISKUITTEIG

200 G ZARTBITTERSCHOKOLADE
40 G BUTTER
100 G WEIZENMEHL (TYPE 405)
30 G ANKERKRAUT SCHOKOKUCHEN GEWÜRZ
½ TL BACKPULVER
6 EIER (GR. M)
150 G ZUCKER
½ TL SALZ

FÜR DIE FÜLLUNG

500 G HIMBEEREN ODER GEMISCHTE BEEREN
400 G SCHLAGSAHNE
30 G PUDERZUCKER
ETWAS PUDERZUCKER ZUM BESTÄUBEN
200 G MASCARPONE

AUSSERDEM

1 SPRINGFORM (Ø 20 CM)

1. Den Boden der Springform mit Backpapier belegen. Für den Teig die Schokolade hacken und zusammen mit der Butter in einem Wasserbad schmelzen. Den Backofen vorheizen (Ober-/ Unterhitze: 180 °C, Heißluft: 160 °C).

2. Mehl, Schokokuchen Gewürz und Backpulver mischen. Eier und 2 Esslöffel heißes Wasser mit dem Mixer (Rührstäbe) kurz aufschlagen. Zucker und Salz nach und nach dazu geben und etwa 5 Minuten schaumig schlagen. Die Schokoladen-Butter-Masse esslöffelweise dazu geben und unterrühren. Die Mehl-mischung in 2 Portionen darauf sieben und jeweils mit einem großen Schneebesen unterheben. Den Teig in die Form füllen, glatt streichen und im vorgeheizten Backofen etwa 30 Minuten backen.

3. Die Form auf ein Kuchengitter stellen. Nach 5 Minuten den Kuchen mit einem Messer vom Rand der Form lösen. Den Kuchen auf das Kuchengitter stürzen und erkalten lassen.

4. Für die Füllung die Beeren verlesen, waschen und gut ab-tropfen lassen. Einige Beeren zum Garnieren beiseite legen. Sahne, Puderzucker und Mascarpone mit dem Mixer (Rühr-stäbe) zu einer festen Creme aufschlagen.

5. Den Kuchen dreimal waagerecht durchschneiden. Die oberste Platte als Deckel beiseite legen. Die übrigen Kuchenplatten mit jeweils 3 Esslöffeln der Creme bestreichen. Die Himbeeren darauf verteilen. Die Platten zu einer Torte wieder aufeinan-der legen. Den Deckel auf die Torte legen, mit der restlichen Creme bestreichen und den übrigen Beeren garnieren. Den Naked Cake mindestens 30 Minuten kühl stellen.

6. Den Naked Cake vor dem Servieren mit Puderzucker bestäuben.

SCHOKOLADEN WISSEN

VOLLMILCH SCHOKOLADE

Vollmilchschokolade ist die beliebteste Sorte bei uns, dicht gefolgt von Nougat. Im Schnitt isst jeder von uns 9,7 kg Schokolade im Jahr! Aber kein Grund für ein schlechtes Gewissen: Sie ist Seelentröster und Glücklichmacher und in Maßen sogar gesund! Denn enthaltene Polyphenole kurbeln den Stoffwechsel an, wirken Fettablagerungen in den Blutgefäßen entgegen und können sogar einem Herzinfarkt vorbeugen. Schokolade sei Dank! Zu viel davon essen sollten wir trotzdem nicht.

ZARTBITTER SCHOKOLADE

Zartbitterschokolade hat, verglichen mit ihrer sahnigen Freundin Vollmilch, weniger Zucker und hilft, aufkommende Heißhungerattacken schneller zu stillen. Je dunkler die Schokolade, desto höher ist der reine Kakaoanteil. Feinschmecker schwören auf verrückte Schoko-Kreationen z. B. mit Meersalz oder Chili. Zum Selbermachen die Schokolade im Wasserbad schmelzen, in eine Silikon-Schokoladenform füllen und unser Fleur de Sel oder Chiliflocken darüber streuen.

WEISSE SCHOKOLADE

„Stets bemüht" würde bei ihr im Zeugnis stehen, denn eigentlich ist weiße Schokolade gar keine richtige Schokolade. Sie enthält, statt des reinen Kakaos, das helle Fett der Kakaobohnensamen. Weiße Schokolade hat hat für viele ihren ihren großen WOW-Moment in der Kombination mit Vollmilchschokolade - beide zusammen sind ein unschlagbarer Genuss! Auch Coffeeshops sind begeistert von ihr und setzen den Trend z. B. mit einem Latte Macchiato White Chocolate um.

WIE WIRD AUS DER KAKAOBOHNE SCHOKOLADE?

01 | KAKAOBOHNENERNTE

Back in the days: Die Kakaobohnen werden, wie schon vor 500 Jahren, mit der Hand geerntet. Um den richtigen Reifegrad der Früchte zu erwischen, braucht es außerdem das Beurteilungsvermögen der Kakaobauern.

02 | FERMENTATION

Die Früchte werden in der Sonne getrocknet, um Bohnen und Fruchtfleisch voneinander zu trennen. Nach kurzer Zeit setzt die Gärung ein - die Fermentation. Die einst weißen Bohnen werden braun.

05 | BRECHEN

Die inneren Werte zählen! Die Bohnen werden grob zerkleinert, übrig bleibt der Kakaokernbruch. Diese „Nibs" werden zu Kakao und Schokolade weiterverarbeitet, sind aber auch roh in z. B. Müslis lecker!

04 | RÖSTEN

Bis zu 400 verschiedene Aromen entstehen während des Röstens. Die Bohnen werden bei Temperaturen zwischen 100°C und 140°C geröstet, je nachdem, ob sie zu Schokolade oder Kakao weiterverarbeitet werden.

03 | TROCKNEN

Während des Trocknens der rohen Kakaobohnen in der Sonne verringert sich das Gewicht um mehr als die Hälfte. Der Wassergehalt beträgt dann noch maximal sieben Prozent und die ersten Aromastoffe bilden sich.

06 | VEREDLUNG

Die Kakaonibs unterziehen sich nun einer echten Tiefenreinigung. Alle Keime werden auf ein Minimum reduziert und unerwünschte Geschmacksstoffe abgetragen. Danach werden die Nibs ein weiteres Mal geröstet.

07 | MAHLEN

In speziellen Mühlen werden die Kakaostückchen fein gemahlen. Durch die entstandene Wärme schmilzt die enthaltene Kakaobutter und bildet zusammen mit den Bruchstücken eine braune, schokoladig duftende Masse.

08 | MISCHEN DER ZUTATEN

Die Kakaomasse ist die Basis für unsere dunklen- und vollmilchigen Schokogelüste. Zusätzlich werden Kakaobutter, Zucker und Vanille mit in die Masse gemischt. Für weiße Schokolade wird keine Kakaomasse verwendet.

11 | TEMPERIEREN

Seidiger Glanz, ein knackiger, glatter Bruch und der perfekte Schmelz. Das ist es, was gute Schokolade ausmacht. Durch exakt gesteuerte Temperaturschwankungen der Schokolade wird das erreicht.

10 | CONCHIEREN

Der absolut wichtigste Schritt bei der Schokoladenherstellung ist das Conchieren. Dabei wird die Schokoladenmasse bis zu 24 Stunden lang „geknetet", um ihr die cremig-zarte Konsistenz zu verleihen.

09 | WALZEN

Ob die Schokolade später zart schmelzend auf der Zunge zergeht oder ein sandiges Gefühl hinterlässt, hängt vom Feinheitsgrad der Masse ab. Es entstehen winzige Schokokörnchen, die unsere Zunge so nicht wahrnimmt.

KÄSEKUCHEN-BROWNIES

MIT PEKANNÜSSEN

 30 MIN.   36 STÜCKE

ZUTATEN

FÜR DEN SCHOKOTEIG

250 G ZARTBITTERSCHOKOLADE

150 G BUTTER

100 G PEKANNUSSKERNE

150 G WEIZENMEHL (TYPE 405)

1 GESTR. TL BACKPULVER

2 EL ANKERKRAUT SCHARFE SCHOKOLADE

4 EIER (GR. M)

200 G ZUCKER

1 PRISE ANKERKRAUT MEERSALZ, FEIN

FÜR DIE FRISCHKÄSEMASSE

70 G ZUCKER

1 EI (GR. M)

200 G DOPPELRAHMFRISCHKÄSE

50 G WEICHE BUTTER

AUSSERDEM

1 QUADRATISCHE SPRINGFORM (26 X 26 CM)

1. Den Boden der Springform mit Backpapier belegen. Für den Teig die Schokolade hacken und zusammen mit der Butter in einer Schüssel bei niedriger Hitze über einem Wasserbad schmelzen. Den Backofen vorheizen (Ober-/ Unterhitze: 180 °C, Heißluft: 160 °C).

2. Die Nüsse grob hacken. Mehl, Backpulver, Scharfe Schokolade und gehackte Nüsse mischen. Eier und 2 Esslöffel heißes Wasser mit dem Mixer (Rührstäbe) kurz aufschlagen. Zucker und Salz nach und nach dazu geben und etwa 5 Minuten zu einem Schaum aufschlagen. Die Schokoladen-Butter-Masse kurz unterrühren. Die Mehlmischung in 2 Portionen darauf geben und jeweils mit einem großen Schneebesen unterheben. Den Teig in die Form füllen und glatt streichen.

3. Für die Frischkäsemasse Zucker, Ei, Frischkäse und Butter glatt rühren und auf den dunklen Teig gießen. Mit einem Löffel etwas mit dem dunklen Teig vermengen, sodass ein Marmormuster entsteht. Das Ganze im vorgeheizten Backofen 25 – 30 Minuten backen.

4. Die Form auf ein Kuchengitter stellen. Nach 10 Minuten den Kuchen mit einem Messer vom Rand der Form lösen und erkalten lassen. Den Kuchen in 36 Quadrate schneiden.

SCHOKO CRUMBLE

AUF KIRSCHKOMPOTT

 30 MIN.   4 PORTIONEN

ZUTATEN

FÜR DAS KOMPOTT

1 GLAS SAUERKIRSCHEN (350 G ABTROPFGEWICHT)

1 – 2 EL ZUCKER

1 MSP. ANKERKRAUT ZIMT, GEMAHLEN

2 TL SPEISESTÄRKE

FÜR DEN CRUMBLE

100 G WEIZENMEHL (TYPE 405)

1 TL KAKAOPULVER

2 EL ANKERKRAUT SCHOKO CRUMBLE

20 G ZUCKER

50 G SCHOKOTRÖPFCHEN (ZARTBITTER)

50 G WEICHE BUTTER

ETWAS PUDERZUCKER ZUM BESTÄUBEN

AUSSERDEM

4 EINMACHGLÄSER (JE 250 ML INHALT)

ODER FÖRMCHEN

1. Für das Kompott die Kirschen abtropfen lassen, dabei den Saft auffangen. 3 Esslöffel Saft mit Zucker, Zimt und Speisestärke verrühren. Den übrigen Saft 2 Minuten offen einkochen lassen. Dann den angerührten Saft unter Rühren dazu geben und aufkochen. Die Kirschen unterheben. Das Kompott in die Einmachgläser füllen.

2. Den Backofen vorheizen (Ober-/ Unterhitze: 180 °C, Heißluft: 160 °C). Für den Crumble Mehl, Kakaopulver, Schoko Crumble Gewürz und Zucker in einer Schüssel mischen. Schokotröpfchen und Butter dazu geben. Die Zutaten mit den Händen zu Streuseln verarbeiten und auf dem Kirschkompott verteilen. Die Einmachgläser auf dem Backofenrost in den vorgeheizten Backofen schieben. Den Crumble etwa 15 Minuten backen. Den Crumble lauwarm und mit etwas Puderzucker bestäubt servieren.

„ICH HABE
GERADE EINEN APFEL
GEGESSEN."

Mit Kuchen drumherum.

Kategorie

FRUCHTIGES

PAVLOVA

 25 MIN.   4 - 6 PORTIONEN

ZUTATEN

FÜR DEN BAISER

3 EIWEISS (GR. M)
1 MSP. ANKERKRAUT MEERSALZ, FEIN
70 G ZUCKER
20 G ANKERKRAUT FRUIT & DESSERT
1 TL ZITRONENSAFT
60 G PUDERZUCKER

FÜR DIE FÜLLUNG

500 G GEMISCHTE BEEREN, Z. B. ERDBEEREN,
HIMBEEREN, BLAUBEEREN, JOHANNISBEEREN
1 – 2 EL ANKERKRAUT ROH-ROHRZUCKER ODER HONIG
2 MARACUJAFRÜCHTE
300 G SCHLAGSAHNE

1. Für den Baiser Eiweiß und Salz in einer Rührschüssel mit dem Mixer (Rührstäbe) kurz aufschlagen. Weiterschlagen, dabei nach und nach den Zucker und Fruit & Dessert einrieseln lassen. Zitronensaft dazu geben und weiter schlagen, bis sich der Zucker aufgelöst hat. Den Backofen vorheizen (Ober-/ Unterhitze: 100 °C, Heißluft: 80 °C).

2. Puderzucker über den Eischnee sieben und mit einem Schnee- besen locker unterheben. Die Masse auf ein mit Backpapier belegtes Backblech geben und mit einem Löffel zu einer Platte (Ø etwa 24 cm) verstreichen. In die Mitte eine Mulde formen.

3. Den Baiser im vorgeheizten Backofen etwa 1 Stunde antrock- nen lassen. (Bei Ober-/ Unterhitze die Backofentür einen Spalt breit offen lassen.) Die Masse soll in der Mitte noch weich sein. Den Baiserboden nach dem Backen auf dem Backpapier erkalten lassen.

4. Für die Füllung die Beeren verlesen, eventuell kurz in kal- tem Wasser waschen und auf Küchenpapier abtropfen lassen. Einige Beeren zum Garnieren beiseite legen. Restli- che Beeren putzen, evtl. von den Rispen streifen und große Beeren durchschneiden. Geputzte Beeren mit Zucker oder Honig süßen. Die Maracujas halbieren und mit einem Löffel auskratzen. Maracujakerne und –fruchtfleisch mit einem Schneebesen verrühren.

5. Sahne steif schlagen und in die Baisermitte geben. Die ge- süßten Beeren darauf verteilen. Mit beiseite gelegten Beeren garnieren, zum Schluss Maracujakerne und –fruchtfleisch darüber träufeln. Sofort servieren.

—TIPP—

Anstatt der Semmelbrösel kann
man auch ein trockenes halbes
Brötchen vom Vortag nehmen und
dieses fein zerkleinern.

APFELSTRUDEL

 1 STD.   12 STÜCKE

ZUTATEN

FÜR DEN STRUDELTEIG

170 G WEIZENMEHL (TYPE 550)
ETWAS MEHL ZUM BEARBEITEN
1 MSP. ANKERKRAUT MEERSALZ, FEIN
2 EL SONNENBLUMENÖL
ETWAS ÖL ZUM BESTREICHEN

FÜR DIE FÜLLUNG

120 G BUTTER
20 G SEMMELBRÖSEL (VOM BÄCKER)
50 G GEHACKTE MANDELN
1 KG SÄUERLICHE ÄPFEL (Z. B. BOSKOOP)
1 – 2 EL ZUCKER
3 EL ANKERKRAUT HAMBURGER BRATAPFEL GEWÜRZ
4 EL ZITRONENSAFT
50 G ROSINEN
ETWAS PUDERZUCKER ZUM BESTÄUBEN

AUSSERDEM

1 GESCHIRRTUCH FÜR DEN TEIG

1. Für den Teig Mehl und Salz in einer Schüssel mischen. In die Mitte eine Mulde drücken. Öl und 80 ml lauwarmes Wasser in die Mulde geben und nach und nach mit Mehl verrühren, anschließend mit den Händen mindestens 5 Minuten kräftig kneten und zu einer Kugel formen. Die Kugel dünn mit Öl bestreichen, in Frischhaltefolie wickeln und 30 Minuten ruhen lassen.

2. Für die Füllung 50 g Butter in einer Pfanne schmelzen. Semmelbrösel und Mandeln darin leicht anrösten und auf einem Teller abkühlen lassen. Die Äpfel waschen, schälen, vierteln und das Kerngehäuse entfernen. Die Apfelviertel quer in dünne Scheiben schneiden und mit Zucker, Hamburger Bratapfel Gewürz, Zitronensaft und Rosinen mischen. Bröselmasse unterheben.

3. Die übrige Butter (70 g) schmelzen. Den Teig auf der dünn bemehlten Arbeitsfläche zu einem großen Rechteck ausrollen. Anschließend auf einem leicht bemehlten Tuch so dünn wie möglich ausrollen. Dann die Hände unter den Teig schieben und den Teig mit den Handrücken zu allen Seiten hin auseinanderziehen, bis man die Struktur des Tuches unter dem Teig erkennen kann. Der Teig sollte mindestens 45 x 60 cm groß sein.

4. Den Backofen vorheizen (Ober-/ Unterhitze: 200 °C, Heißluft: 180 °C). Den Teig mit geschmolzener Butter bestreichen. Die Apfelfüllung auf das untere Drittel des Teiges verteilen. Anschließend den Teig durch Anheben des Tuches von unten nach oben aufrollen. Die Rolle mit der Schlussseite nach unten auf ein mit Backpapier belegtes Backblech legen. Die Teigenden nach unten einschlagen. Den Strudel mit Butter bestreichen und im vorgeheizten Backofen etwa 40 Minuten backen. Den Strudel zwischendurch ein- bis zweimal mit restlicher Butter bestreichen.

5. Den Strudel lauwarm mit Puderzucker bestäuben und aufschneiden. Nach Belieben mit Schlagsahne oder Vanilleeis servieren.

BITTER-LEMON-TARTE

45 MIN.   12 STÜCKE

ZUTATEN

FÜR DEN TEIG

120 G BUTTER
ETWAS BUTTER FÜR DIE FORM
200 G WEIZENMEHL (TYPE 405)
ETWAS MEHL ZUM BEARBEITEN
80 G ZUCKER
1 MSP. ANKERKRAUT MEERSALZ, FEIN

FÜR DEN BELAG

30 G ANKERKRAUT BITTER LEMON TARTE
(FRÜCHTETEEMISCHUNG)
1 BIO-ZITRONE
50 G ZUCKER
20 G SPEISESTÄRKE
100 G BUTTER
2 EIER (GR. M)
1 EIGELB (GR. M)

ZUM BESTÄUBEN

ANKERKRAUT BETÖRENDE SCHOKOLADE

AUSSERDEM

1 TARTEFORM (Ø 28 CM, MIT HERAUSNEHMBAREM BODEN)
GETR. HÜLSENFRÜCHTE ZUM VORBACKEN

1. Den Boden der Form mit Butter bestreichen. Den Backofen vorheizen (Ober-/ Unterhitze: 200 °C, Heißluft: 180 °C).

2. Für den Teig Mehl, Zucker und Salz in einer Rührschüssel mischen. Butter in kleinen Stücken und 2 Esslöffel kaltes Wasser dazu geben. Die Zutaten mit dem Mixer (Knethaken) zu einem glatten Teig verarbeiten. Den Teig auf der bemehlten Arbeitsfläche kneten und rund ausrollen. Den Teig aufrollen, über der Form abrollen und in der Form rundherum andrücken. Überstehende Teigränder abschneiden. Den Teigboden mit einer Gabel mehrfach einstechen.

3. Einen Bogen Backpapier auf den Teig legen und die Hülsenfrüchte darauf verteilen. Den Teig im vorgeheizten Backofen etwa 20 Minuten vorbacken. Das Papier mit den Hülsenfrüchten entfernen. Die Backofentemperatur reduzieren (Ober-/ Unterhitze: 180 °C, Heißluft: 160 °C). Den Teig nochmals 10 Minuten backen. Anschließend in der Form auf einem Kuchengitter erkalten lassen.

4. Für den Belag den Früchtetee mit 300 ml kochendem Wasser übergießen und mindestens 10 Minuten ziehen lassen. Die Zitrone heiß abwaschen und abtrocknen. Die Hälfte der Schale fein abreiben. Die Zitrone halbieren und auspressen.

5. Die geriebene Zitronenschale, Zucker, Zitronensaft und Speisestärke verrühren. Den Tee durch ein feines Sieb geben und ausdrücken. Den Tee aufkochen. Die Speisestärke unterrühren und erneut aufkochen. Die Hitze etwas reduzieren. Erst die Butter in kleinen Stücken, dann die Eier und das Eigelb unterrühren. Die Masse unter Rühren weiter erhitzen, bis sie andickt. (Nicht kochen lassen.) Die Masse sofort auf den Tarteboden streichen und fest werden lassen. Die Tarte aus der Form lösen.

6. Zum Garnieren eine Schablone aus festem Papier schneiden, mit geringem Abstand über die Tarte halten und mit Betörende Schokolade bestäuben.

— TIPP —

*Ich liebe Kokoseis dazu. Aber auch
Sahnejoghurt oder Vanillesauce.*

KOKOS CRUMBLE

30 MIN.   4 - 6 PORTIONEN

ZUTATEN

FÜR DEN CRUMBLE

180 G WEIZENMEHL (TYPE 405)
20 G ANKERKRAUT KOKOS CRUMBLE
50 G KOKOSRASPEL
80 G BRAUNER ZUCKER
1 MSP. ANKERKRAUT MEERSALZ, FEIN
80 G WEICHE BUTTER

FÜR DIE FÜLLUNG

125 G BROMBEEREN
1 REIFE ANANAS (ETWA 1,5 KG)
50 G BRAUNER ZUCKER
20 G KOKOSMEHL (ENTÖLT)
ETWAS PUDERZUCKER ZUM BESTÄUBEN

AUSSERDEM

1 FLACHE AUFLAUFFORM (ETWA 1,5 L INHALT)

1. Für den Crumble Mehl, Kokos Crumble Gewürz, Kokosraspeln, braunen Zucker und Salz in einer Schüssel mischen. Die Butter in kleinen Stücken dazu geben. Die Zutaten mit dem Mixer (Rührstäbe) auf niedriger Stufe verrühren. Dabei 1 – 2 Esslöffel kaltes Wasser dazu geben und auf mittlerer Stufe so lange weiter rühren, bis die Streusel die gewünschte Größe haben. Den Crumble bis zum Gebrauch in den Kühlschrank stellen.

2. Den Backofen vorheizen (Ober-/ Unterhitze: 200 °C, Heißluft: 180 °C). Die Brombeeren waschen und abtropfen lassen. Die Ananas oben und unten gerade abschneiden und längs halbieren. Die Hälften der Länge nach in 3 Teile schneiden. Jeweils den Strunk und die Schale abschneiden. Das Fruchtfleisch (circa 750 g) in kleine Stücke schneiden und mit Brombeeren, braunem Zucker und Kokosmehl in der Auflaufform mischen. Den Crumble auf das Obst geben. Das Ganze im vorgeheizten Backofen etwa 35 Minuten goldbraun backen.

3. Den Kokos-Ananas-Crumble 5 Minuten abkühlen lassen, mit Puderzucker bestäuben und heiß oder lauwarm servieren.

HEIDELBEER-BUTTERMILCH-MUFFINS

 10 MIN.   12 MUFFINS

ZUTATEN

150 G FRISCHE HEIDELBEEREN
220 G WEIZENMEHL (TYPE 405)
2 GESTR. TL BACKPULVER
1 GESTR. TL ZIMT
120 G BRAUNER ZUCKER
½ GESTR. TL ANKERKRAUT MEERSALZ, FEIN
2 EIER (GR. M)
120 G WEICHE BUTTER
200 ML BUTTERMILCH
30 G MANDELSTIFTE
ETWAS PUDERZUCKER ZUM BESTÄUBEN

AUSSERDEM

1 MUFFINFORM (12 MULDEN)
12 PAPIERBACKFÖRMCHEN

1. Den Backofen vorheizen (Ober-/ Unterhitze: 200 °C, Heißluft: 180 °C). Die Papierbackförmchen in die Mulden der Muffinform geben. Heidelbeeren verlesen, kurz waschen und auf Küchenpapier abtropfen lassen.

2. Mehl, Backpulver, Zimt, braunen Zucker und Salz in einer Schüssel mischen. Eier, Butter und Buttermilch dazu geben und mit dem Mixer (Rührstäbe) etwa 1 Minute zu einem glatten Teig verrühren. Ein Drittel der Blaubeeren unter den Teig heben. Den Teig in die Papierbackförmchen füllen. Die restlichen Heidelbeeren und Mandelstifte auf den Teig streuen.

3. Den Teig im vorgeheizten Backofen etwa 30 Minuten backen. Die Form für 5 Minuten auf ein Kuchengitter stellen, die Muffins vorsichtig herauslösen und auf dem Kuchengitter erkalten lassen. Die Muffins mit Puderzucker bestäuben.

„EINE PARTY OHNE
KUCHEN IST NUR
EIN MEETING."

*Und wer mag
schon Meetings?*

Kategorie

MAL WAS ANDERES

— TIPP —

Sollte der Knetteig zu weich sein, den Teig zugedeckt mindestens 1 Stunde kühl stellen.

HIMBEER-BAISER-TARTE

30 MIN.   6 – 8 STÜCKE

ZUTATEN

FÜR DEN MÜRBETEIG

250 G WEIZENMEHL (TYPE 405)
ETWAS MEHL ZUM BEARBEITEN
1 – 2 EL ANKERKRAUT HAMBURGER CHAI GEWÜRZ
100 G ZUCKER
1 MSP. ANKERKRAUT MEERSALZ, FEIN
120 G BUTTER
ETWAS BUTTER FÜR DIE FORM
1 EIGELB (GR. M)

FÜR DIE FÜLLUNG UND DAS BAISER

250 G FRISCHE HIMBEEREN
2 EIWEISS (GR. M)
1 PRISE ANKERKRAUT MEERSALZ, FEIN
100 G FEINER ZUCKER
100 G HIMBEERKONFITÜRE

AUSSERDEM

1 TARTEFORM (Ø 28 CM,
MIT HERAUSNEHMBAREM BODEN)
GETR. HÜLSENFRÜCHTE ZUM VORBACKEN

1. Den Backofen vorheizen (Ober-/ Unterhitze: 180 °C, Heißluft: 160 °C). Für den Teig Mehl, Hamburger Chai Gewürz, Zucker und Salz in einer Schüssel mischen. Butter in kleinen Stücken und das Eigelb dazu geben. Die Zutaten mit den Händen zu einem glatten Teig verkneten. Den Teig auf der bemehlten Arbeitsfläche zu einer runden Platte (Ø etwa 32 cm) ausrollen. Den Teig aufrollen.

2. Den Teig über der Tarteform wieder abrollen, in die Tarteform legen und rundherum andrücken. Den Teigboden mit einer Gabel mehrfach einstechen. Einen Bogen Backpapier auf den Teig legen und mit Hülsenfrüchten bedecken. Den Teig im vorgeheizten Backofen auf der unteren Einschubleiste etwa 20 Minuten vorbacken.

3. Inzwischen die Himbeeren verlesen, falls nötig kurz waschen und abtropfen lassen. Eiweiß und Salz mit einem Mixer (Rührstäbe) kurz aufschlagen. Weiterschlagen, dabei nach und nach den Zucker einrieseln lassen. So lange weiter schlagen, bis sich der Zucker aufgelöst hat und der Eischnee glänzt.

4. Das Backpapier zusammen mit den Hülsenfrüchten vom Teig nehmen. Die Himbeerkonfitüre auf den Teigboden streichen, anschließend mit Himbeeren belegen. Eischnee in einen Spritzbeutel mit Sterntülle (Ø etwa 10 mm) füllen. Mit etwas Abstand zueinander dicke Tupfen zwischen die Himbeeren spritzen. Die Tarte im vorgeheizten Backofen bei gleicher Temperatur etwa 15 Minuten backen. Anschließend in der Form auf einem Kuchengitter erkalten lassen.

—TIPP—

*Der Kuchen schmeckt
auch ungefüllt sehr gut.
Wer es schokoladig
mag, gibt zusätzlich 30 g
Schokoladentropfen,
Chunks oder Raspel-
schokolade in den Teig.*

BANANEN-SCHICHT-KUCHEN

50 MIN.   20 SCHEIBEN

ZUTATEN

FÜR DEN TEIG

2 REIFE BANANEN (300 G)
100 G VOLLMILCHJOGHURT
80 G ANKERKRAUT MUSCOVADO-ZUCKER
150 ML MILDES ÖL (Z. B. SONNENBLUMENÖL)
ETWAS ÖL FÜR DIE FORM
1 EI (GR. M)
250 G WEIZENMEHL (TYPE 405)
1 – 2 TL ANKERKRAUT CEYLON ZIMT, GEMAHLEN
1 ½ GESTR. TL NATRON
1 MSP. ANKERKRAUT MEERSALZ, FEIN
120 G BRAUNER ZUCKER
70 G SCHOKO-CHUNKS

FÜR DAS SCHOKOLADEN-FROSTING

270 G ZARTBITTERSCHOKOLADE
200 G BUTTER
120 G PUDERZUCKER

AUSSERDEM

1 KASTENFORM (30 X 11 CM)

1. Den Backofen vorheizen (Ober-/ Unterhitze: 180 °C, Heißluft: 160 °C). Für den Teig die Bananen schälen und mit Joghurt, Muscovado-Zucker, Öl und Ei pürieren.

2. Mehl, Zimt, Natron, Salz und braunen Zucker in einer Rührschüssel mischen. Das Bananen-Püree dazu geben und mit einem Schneebesen unterrühren. Zum Schluss die Chunks unterrühren. Die Kastenform mit Öl einfetten. Den Teig einfüllen, glatt streichen und im vorgeheizten Backofen etwa 40 Minuten backen. Die Form auf ein Kuchengitter stellen. Den Kuchen nach 5 Minuten vorsichtig aus der Form stürzen und auf dem Kuchengitter erkalten lassen.

3. Für das Frosting die Schokolade hacken, in eine Metallschüssel geben und bei niedriger Hitze über dem Wasserbad schmelzen. Die Schokolade etwas abkühlen lassen. Butter und Puderzucker mit dem Mixer (Rührstäbe) schaumig rühren. Die Schokolade in 3 Portionen unterrühren. Den ausgekühlten Kuchen dreimal waagerecht durchschneiden.

4. Das Frosting auf die 4 Kuchenplatten verteilen und verstreichen. Auf der oberen Platte ein Wellenmuster in das Frosting ziehen. Die mit dem Frosting bestrichenen Kuchenplatten wieder zusammensetzen und mindestens 1 Stunde kühl stellen. Den Kuchen etwa 20 Minuten vor dem Servieren aus dem Kühlschrank nehmen.

BACK GADGETS

NUDELHOLZ

Einst das Symbol der resoluten Hausfrau zur Verwendung gegen ungehorsame Ehemänner, heute das ultimative Werkzeug in der Backstube: das Nudelholz. In vielen verschiedenen Formen und Farben erleichtert es uns das Ausrollen von Keks-, Pizza- und Nudelteig. Falls Du kein Nudelholz griffbereit hast, kannst Du auch eine Glasflasche zum Ausrollen benutzen. Bestäube die Arbeitsplatte und das Nudelholz mit Mehl, um zu verhindern, dass der Teig daran kleben bleibt. Klingt easy, funktioniert aber nicht? Beim Ausrollen einen Gefrierbeutel zwischen Teig und Rolle legen kann helfen.

WAAGE

Sonntagnachmittag, Du willst einen Kuchen backen, aber die Waage hat kurzfristig ihren Geist aufgegeben. Fester auf die Tasten drücken bringt auch nichts? Dann schau Dir Deinen handelsüblichen Messbecher mal genauer an: Da stehen neben der ml-Anzeige inzwischen oft auch Markierungen für Zucker und Mehl. Dein Kuchenretter in der Not! Wenn nichts hilft, verlass Dich auf das altbekannte Bauchgefühl.

BACKFORMEN

Es hat sich Besuch für Kaffee und Kuchen angekündigt und du hast es satt, immer Blechkuchen zu servieren? Dann kommen Backformen ins Spiel – so vielfältig wie die Kuchenrezepte dieser Welt sind auch d e Formen! Die klassische Springform und die Kastenform gehören zur Grundausstattung jeder noch so kleinen Backwerkstctt. Ob die Formen aus Silikon oder Metall sein sollen, ist Geschmackssache – beide haben ihre Vor- und Nachteile.

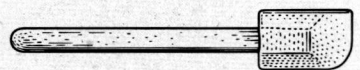

TEIGSCHABER

Sag dem herkömmlichen Esslöffel ade! Hier kommt der Teigschaber. Ein kleiner Beitrag zur Küchenausstattung, ein großer für alle Backfeen dieser Welt! Mit diesem kleinen, feinen Helferchen aus Silikon bekommst Du wirklich alle Teigreste aus der Schüssel gekratzt. Besonders praktisch: Mit dem Schaber können Schokolade und Sahne in eckigen und runden Formen gleichmäßig verteilt werden – Perfektionisten lieben ihn!

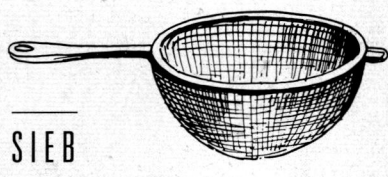

SIEB

Warum Mehl sieben? So ist es luftiger und bringt Sauerstoff in den Teig – wenn es dann noch vorsichtig untergehoben wird. Wird der Teig allerdings anschließend gerührt oder geknetet ist der Effekt futsch. Das Sieb kann aber auch zur Herstellung von Fruchtmus und Püree verwendet werden: dazu weich gekochtes Obst mit einem Löffel durch das Sieb streichen. Nur die Haut und Körnchen bleiben im Sieb übrig.

MAN MUSS KEINE SUPERKRÄFTE HABEN, UM GROSSARTIGE LECKEREIEN AUS DEM OFEN ZU ZAUBERN. DENN JEDER KANN BACKEN, ES BRAUCHT NUR ETWAS ÜBUNG UND GEDULD. STELL DIE KÜCHENMASCHINE BEISEITE, FÜR UNSERE REZEPTE BENÖTIGST DU LEDIGLICH DIE BASIC-BACKUTENSILIEN. UND FALLS DOCH MAL EIN WERKZEUG NICHT IN DER NÄHE IST, REICHT MEIST AUCH EIN KREATIVER UND ERFINDERISCHER EINFALL, UM DEIN KLEINES BACKWUNDER ZU RETTEN!

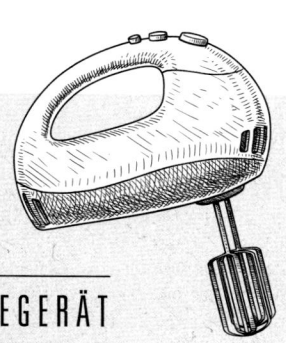

PORTIONIERER

Sieht aus wie der Löffel vom Eismann nebenan, kann aber beim Backen ganz schön praktisch sein! Mit dem Portionierer kannst Du perfekte, gleich große Kekse zaubern und es gibt keinen Kampf mehr um die größten Kekse in der Dose. Und das Beste: Übrig gebliebener Teig kann portioniert und eingefroren werden – der Überraschungsbesuch kann kommen!

RÜHREGERÄT

Die einen schwören auf die heilige Küchenmaschine, andere wiederum bleiben bei dem traditionellen Handrührgerät. Egal wie, der Teig will gerührt & geknetet werden! Lästig sind beim Rühren einzig und allein die Teigspritzer, die an unglücklichen Tagen nach dem Rühren auf dem Oberteil verteilt sind. Achtung, Lifehack incoming: die Rührstäbe durch einen Pappteller stechen, Stäbe einstecken und beim Rühren als Spritzschutz verwenden. Die Knethaken sind besonders gut für klebrige und feste Teige geeignet!

SPRITZBEUTEL

Um Dein gebackenes Werk in ein echtes Masterpiece zu verwandeln, fehlt nur noch das i-Tüpfelchen! Mit Hilfe des Spritzbeutels sind Deiner Kreativität keine Grenzen gesetzt. Tupfer aus Sahne oder Buttercreme sind nur ein kleiner Teil dessen, was Du alles mit dem Spritzbeutel machen kannst! Zu Beginn solltest Du nicht gleich die superteure Butter-Trüffelcreme verwenden, um aufwändige Schnörkel auf Dein Werk zu zaubern – Übung macht den Meister! Probiere die ersten Versuche einfach mit Kartoffelpüree auf einem Backblech, um sicherer im Umgang mit dem Spritzbeutel zu werden.

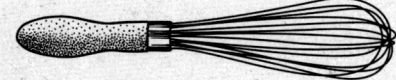

WASSERBAD-MATERIALIEN

Was ist besser als Schokolade? Richtig: warme, zartschmelzende Schokolade! Das Schmelzen von Schokolade geht ganz leicht mit einem Wasserbad, entweder auf dem Herd in einem Topf oder in der Mikrowelle. Schokolade mag es nicht so heiß, sie sollte auf niedriger Stufe erhitzt werden, damit sie nicht verbrennt. Übrigens: Kuvertüre besitzt einen höheren Fettanteil als normale Schokolade, sodass sie schneller schmilzt und besser weiterverarbeitet werden kann!

SCHNEEBESEN

Er ist wahrlich ein echter Schaumschläger und niemand anderes schlägt Saucen, Dips, Cremes und Desserts schöner auf als er. Immer dann, wenn Flüssigkeiten gleichmäßig verrührt oder luftig aufgeschlagen werden sollen, hat der Schneebesen seinen großen Moment! Durch die dünnen, flexiblen Bögen aus Draht, die bei der Bewegung mitschwingen, wird Sauerstoff unter die Masse gehoben, der Eischnee und Co. so schön luftig leicht macht!

ZITRUSPRESSE

Sie holt den Duft von Zitrusfrüchten direkt in die heimische Küche und sorgt für den Vitaminschub zwischendurch. Die elektrisch betriebene Presse ist der Porsche unter den Zitruspressen, wer es old fashioned mag, greift zur manuellen Version. Was tun, wenn Du keine Zitruspresse zu Hause hast? Easy peasy lemon squeezy: einfach die Frucht halbieren, Gabel ins Fruchtfleisch stechen und drehen.

UNTERSCHIED-LICHER BODEN-KUCHEN

 1 STD.   24 STÜCKE

ZUTATEN

FÜR DEN NUSS CRUMBLE

150 G WEIZENMEHL (TYPE 405)

80 G PUDERZUCKER

½ TL ANKERKRAUT MEERSALZ, FEIN

1 – 2 TL ANKERKRAUT KEKS GEWÜRZ

80 G WEICHE BUTTER

80 G GEHOBELTE HASELNUSSKERNE

70 G GETR. APRIKOSEN

100 G CRÈME FRAÎCHE

FÜR DEN HELLEN RÜHRTEIG

100 G WEISSE SCHOKOLADE

100 G BUTTER

1 BIO-ORANGE

1 EI (GR. M)

80 G ZUCKER

1 PRISE ANKERKRAUT MEERSALZ, FEIN

130 G WEIZENMEHL (TYPE 405)

1 TL BACKPULVER

2 TL ANKERKRAUT KOKOS CRUMBLE

100 G ZARTBITTERSCHOKOLADE

FÜR DEN DUNKLEN RÜHRTEIG

100 G WEICHE SAHNE-TOFFEES

80 G GERÖSTETE, GESALZENE ERDNUSSKERNE

50 G ERDNUSSMUS

100 G WEICHE BUTTER

100 G BRAUNER ZUCKER

1 TL ANKERKRAUT MEERSALZ, FEIN

1 EI (GR. M)

20 G ANKERKRAUT BETÖRENDE SCHOKOLADE

120 G WEIZENMEHL (TYPE 405)

½ TL BACKPULVER

AUSSERDEM

1 BACKBLECH (ETWA 30X40CM)

1. Einen Bogen Backpapier passend für das Backblech zuschneiden. Danach das Papier erst der Länge nach zur Hälfte falten, dann die kurzen Seiten zur Mitte falten, sodass 6 gleich große Felder entstehen. Das aufgeklappte Backpapier auf das Backblech legen.

2. Für den Nuss-Crumble Mehl, Puderzucker, Salz und Keks Gewürz in einer Schüssel mischen. Butter und Nüsse dazu geben und mit dem Mixer (Rührstäbe) zu Streuseln (Crumble) verarbeiten, dabei 1 Esslöffel kaltes Wasser dazu geben. Die Streusel kühl stellen. Die Aprikosen in sehr dünne Streifen schneiden, mit Crème Fraîche verrühren und ebenfalls kühl stellen.

3. Für den hellen Teig die weiße Schokolade hacken und zusammen mit der Butter bei niedriger Hitze über dem Wasserbad schmelzen.

4. Die Orange heiß abwaschen, abtrocknen und die Hälfte der Schale fein reiben. Die Orange halbieren und auspressen. Das Ei mit Zucker, Salz, Orangenschale und 2 Esslöffeln Orangensaft mit dem Mixer (Rührstäbe) schaumig rühren. Die Butter-Schokomasse nach und nach dazu geben. Mehl, Backpulver und Kokos Crumble mischen und mit dem Teigschaber kurz unterrühren. Die Zartbitterschokolade hacken. Den Teig und die gehackte Schokolade kühl stellen. Den Backofen vorheizen (Ober-/ Unterhitze: 180 °C, Heißluft: 160 °C).

5. Für den dunklen Teig die Sahne-Toffees in dünne Scheiben schneiden. Die Erdnusskerne grob hacken. Erdnussmus, Butter, braunen Zucker und Salz mit dem Mixer (Rührstäbe) schaumig rühren. Das Ei unterrühren. Mehl, betörende Schokolade und Backpulver mischen und unterheben und zu einem glatten Teig verarbeiten.

6. Zuerst eine Hälfte Nuss-Crumble auf zwei voneinander getrennte Backpapierfelder verteilen. Die Aprikosenmasse darauf streichen und mit dem übrigem Crumble bestreuen.

7. Den hellen und den dunklen Teig abwechselnd auf die übrigen Felder verteilen. Die Zartbitterschokolade auf den hellen Teig, Toffees und Erdnüsse auf den dunklen Teig streuen. Das Ganze im vorgeheizten Backofen 20 – 25 Minuten backen. Die Kuchen auf dem Blech auf einem Kuchengitter erkalten lassen.

— TIPP —

Für eine Vanille-Beeren-Variante 1 Pck.
Puddingpulver Vanille verwenden,
Nougat durch 200 g tiefgefrorene gemischte
Beeren ersetzen. Statt gehobelter Haselnuss-
kerne gehobelte Mandeln verwenden und
genauso rösten. Erst die Gelatine, dann die
Beeren unterrühren.

PFANNKUCHEN TORTE

 70 MIN.   12 STÜCKE

ZUTATEN

FÜR DEN TEIG

20 G BUTTER
150 G WEIZENMEHL (TYPE 405)
30 G ZUCKER
1 PRISE ANKERKRAUT MEERSALZ, FEIN
350 ML MILCH
3 EIER (GR. M)
ETWAS ÖL FÜR DIE PFANNE

FÜR DIE FÜLLUNG

6 BLATT WEISSE GELATINE
1 PCK. PUDDINGPULVER SCHOKOLADE
500 ML MILCH
2 EL ZUCKER
200 G NUSSNOUGATCREME
1 EL ANKERKRAUT LEBKUCHEN GEWÜRZ
100 G GEHOBELTE HASELNUSSKERNE

AUSSERDEM

1 PFANNE (Ø PFANNENBODEN ETWA 18 CM)
1 TORTENRING

1. Für den Teig die Butter schmelzen. Mehl, Zucker und Salz in einer Schüssel mischen. Nacheinander Milch, Eier und geschmolzene Butter unterrühren. Den Teig 15 Minuten ruhen lassen.

2. Für die Füllung die Gelatine in kaltem Wasser einweichen. Den Pudding nach Packungsanleitung mit Milch und Zucker zubereiten. Die Gelatine leicht ausdrücken, unter den heißen Pudding rühren und schmelzen lassen. Anschließend die Nussnougatcreme und das Lebkuchen Gewürz unterrühren. Die Füllung etwas abkühlen lassen. Die gehobelten Nusskerne in einer Pfanne ohne Fett goldbraun rösten und auf einem Teller erkalten lassen.

3. Den Pfannkuchenteig nochmals durchrühren und evtl. durch ein Sieb geben. Die Pfanne erhitzen und dünn mit Öl bestreichen. So viel Teig hinein geben (circa eine kleine Kelle), dass der Pfannenboden bedeckt ist. Den Teig von beiden Seiten goldbraun backen. Den Pfannkuchen auf eine Platte geben. Aus dem übrigen Teig auf die gleiche Weise weitere 7 Pfannkuchen backen.

4. Von den gerösteten Nüssen 3 Esslöffel zum Bestreuen beiseite legen. Die restlichen Nüsse unter die Füllung heben. Die 7 Pfannkuchen mit der Füllung bestreichen, zu einer Torte aufeinander schichten und mit dem letzten Pfannkuchen bedecken. Einen Tortenring um die Torte stellen. Die Pfannkuchen gleichmäßig andrücken. Die Torte zugedeckt etwa 2 Stunden kühl stellen.

5. Die Torte in Stücke schneiden und mit den restlichen Nüssen bestreuen.

„THAT'S HOW I ROLL"

Es muss ja nicht immer süß sein.

Kategorie

QUICHE

—TIPP—

Einen besonders würzigen Geschmack bekommt der Teig, wenn man 80 g der Butter durch die gleiche Menge fetten, geräucherten Speck ersetzt. Dafür einfach den Speck würfeln und im Zerkleinerer zu einer Creme verarbeiten. Den Speck mit der restlichen Butter, und zusätzlich 1 EL Wasser, zum Mehl geben.

ZWIEBEL-QUICHE

 50 MIN.   8 STÜCK

ZUTATEN

FÜR DEN MÜRBETEIG

100 G ROGGENMEHL (TYPE 1150)

140 G WEIZENMEHL (TYPE 550)

ETWAS MEHL ZUM BEARBEITEN

1 MSP. BACKPULVER

½ TL ANKERKRAUT MEERSALZ, FEIN

140 G BUTTER

ETWAS BUTTER FÜR DIE FORM

1 EI (GR. M)

FÜR DEN BELAG

250 G KLEINE ROTE ZWIEBELN

250 G WEISSE KLEINE ZWIEBELN

200 ML GEMÜSEBRÜHE

150 G LAUCHZWIEBELN

1 – 2 EL ANKERKRAUT ZWIEBELKUCHEN GEWÜRZ

3 EIER (GR. M)

200 G SCHLAGSAHNE

ANKERKRAUT PINK SALTFLAKES

AUSSERDEM

1 SPRINGFORM (Ø 26 CM)

1. Für den Teig Mehl, Backpulver und Salz in einer Schüssel mischen. Die Butter in kleinen Stücken darauf verteilen. Das Ei verquirlen und mit 1 – 2 Esslöffeln kaltem Wasser zum Teig dazu geben. Die Zutaten mit den Händen rasch verkneten. Den Teig zugedeckt etwa 1 Stunde kühl stellen.

2. Für den Belag inzwischen die roten und weißen Zwiebeln schälen und waagerecht halbieren. Die weißen und roten Zwiebeln getrennt voneinander in jeweils 100 ml Gemüsebrühe etwa 10 Minuten bei niedriger Hitze dünsten. Anschließend im Sud abkühlen lassen. Die Lauchzwiebeln putzen und waschen.

3. Den Backofen vorheizen (Ober-/Unterhitze: 200 °C, Heißluft: 180 °C). Die Hälfte des Teiges auf der bemehlten Arbeitsfläche zu einer runden Platte (Ø etwa 26 cm) ausrollen. Den Boden der Springform einfetten, den Teig darauf legen und mit einer Gabel mehrfach einstechen. Den Teigboden (ohne den Springformrand) im vorgeheizten Backofen etwa 10 Minuten vorbacken. Etwas abkühlen lassen.

4. Aus dem übrigen Teig zwei lange Rollen formen. Die Springform wieder schließen. Die Teigrollen auf den vorgebackenen Boden in die Form legen und rundherum zu einem etwa 3 cm hohen Rand an den Rand der Form drücken. Dabei darauf achten, dass der Rand gut mit dem Teigboden verbunden ist.

5. Die Zwiebeln aus dem Sud nehmen und mit der Schnittfläche nach oben in der Form verteilen. Den roten und weißen Zwiebelsud mit Zwiebelkuchen Gewürz, Eiern und Sahne verrühren, mit Salz abschmecken und über die Zwiebeln geben. Die Lauchzwiebeln in der Form verteilen und in den Sahneguss drücken. Die Quiche im vorgeheizten Backofen bei gleicher Temperatur etwa 35 Minuten goldbraun backen. Die Quiche lauwarm oder kalt servieren.

BROKKOLI-QUICHE

 50 MIN.   12 STÜCKE

ZUTATEN

FÜR DEN MÜRBETEIG

250 G WEIZENMEHL (TYPE 550)
ETWAS MEHL ZUM BEARBEITEN
½ TL ANKERKRAUT MEERSALZ, FEIN
150 G BUTTER
ETWAS BUTTER FÜR DIE FORM
1 EI (GR. M)

FÜR DEN BELAG

500 G BROKKOLI
ANKERKRAUT MEERSALZ, FEIN
100 G SCHLAGSAHNE
100 G CRÈME FRAÎCHE
3 EIER (GR. M)
1-2 EL ANKERKRAUT AUFLAUF GEWÜRZ
30 G PINIENKERNE

AUSSERDEM

1 SPRINGFORM (Ø 26 CM)

1. Für den Teig Mehl und Salz in einer Schüssel mischen. Butterstücke darauf verteilen. Das Ei verquirlen und dazu geben. Die Zutaten mit dem Mixer (Knethaken) zu einem glatten Teig verkneten. Den Teig zugedeckt etwa 1 Stunde kühl stellen.

2. Inzwischen für den Belag den Brokkoli putzen und in Röschen teilen. Die Brokkolistiele schälen und in Scheiben schneiden. 170 ml gesalzenes Wasser aufkochen. Die Brokkoliröschen und –scheiben darin zugedeckt 6 Minuten bei niedriger Hitze dünsten. Brokkoliröschen und -scheiben mit der Schaumkelle herausnehmen und in eiskaltem Wasser abschrecken, dann abtropfen lassen. 5 Esslöffel Kochsud mit Sahne, Crème fraîche, Eiern und Auflauf Gewürz verrühren.

3. Den Backofen vorheizen (Ober-/ Unterhitze: 200 °C, Heißluft: 180 °C). Den Teig halbieren. Die eine Hälfte auf einer bemehlten Arbeitsfläche rund (Ø 26 cm) ausrollen und auf den Boden der Springform legen. Den Teigboden mit einer Gabel mehrfach einstechen und ohne den Springformrand in den vorgeheizten Backofen schieben. Den Teigboden etwa 10 Minuten vorbacken und auf einem Kuchengitter etwas abkühlen lassen.

4. Aus dem übrigen Teig auf einer bemehlten Arbeitsfläche 2 lange Rollen formen. Die Springform wieder schließen. Die Teigrollen auf den vorgebackenen Boden an den Rand der Form legen und rundherum zu einem etwa 4 cm hohen Rand an die Form drücken. Dabei darauf achten, dass der Rand gut mit dem Teigboden verbunden ist.

5. Den Brokkoli in der Form verteilen. Den Sahne-Eier-Guss darauf geben und mit den Pinienkernen bestreuen. Den überstehenden Teigrand rundherum auf den Belag klappen. Die Form in den vorgeheizten Backofen schieben. Die Quiche etwa 35 Minuten backen. Anschließend in der Form auf einem Kuchengitter etwas abkühlen lassen.

—TIPP—

Besonders würzig wird der Teig durch geräucherten Speck. Dafür 80g Butter durch 80g Speck ersetzen, mit 20g Butter mischen, pürieren und mit 1 EL Wasser zum Mehl geben.

KÄSE-TOMATEN-QUICHE

40 MIN.   8 STÜCKE

ZUTATEN

FÜR DEN MÜRBETEIG

250 G DINKELMEHL (TYPE 630)
ETWAS MEHL ZUM BEARBEITEN
½ TL ANKERKRAUT MEERSALZ, FEIN
100 G BUTTER
ETWAS BUTTER FÜR DIE FORM
100 G CRÈME FRAÎCHE

FÜR DEN BELAG

600 G GEMISCHTE TOMATEN
150 G ALTER GOUDA
2 EIER (GR. M)
100 ML MILCH
1 – 2 EL ANKERKRAUT KÄSEGEWÜRZ
ANKERKRAUT PFEFFER-SYMPHONIE

AUSSERDEM

1 RECHTECKIGE TARTEFORM (20 X 30 CM,
MIT HERAUSNEHMBAREM BODEN)

1. Für den Teig Mehl und Salz in einer Schüssel mischen. Butter in kleine Stücke teilen und gemeinsam mit Crème Fraîche dazu geben. Mit den Händen unterkneten. Den Teig zugedeckt mindestens 1 Stunde kühl stellen.

2. Den Backofen vorheizen (Ober-/ Unterhitze: 200 °C, Heißluft: 180 °C). Für den Belag die Tomaten waschen und die Stängelansätze keilförmig herausschneiden. Die Tomaten waagerecht halbieren. Sehr große Tomaten in dicke Scheiben schneiden. Den Käse fein reiben und mit Eiern, Milch und Käsegewürz verrühren.

3. Den Boden der Tarteform einfetten. Den Teig dritteln. Ein Drittel auf dem Boden der Tarteform ausrollen. Den Teigboden mit einer Gabel mehrfach einstechen und im vorgeheizten Backofen, ohne den Rand der Form, etwa 10 Minuten vorbacken. Anschließend etwas abkühlen lassen.

4. Aus dem restlichen Teig zwei lange Rollen formen. Die Form wieder schließen. Die Rollen auf den vorgebackenen Boden legen und zu einem 3 cm hohen Rand an den Rand der Form drücken, sodass die Form dicht mit Teig ausgelegt ist.

5. Die Käsemasse auf den Teig geben. Die Tomaten, mit der Schnittfläche nach oben, in die Käsemasse legen. Die Quiche in den vorgeheizten Backofen schieben und bei gleicher Temperatur etwa 25 Minuten backen. Die Form auf ein Kuchengitter stellen. Die Quiche lauwarm oder kalt mit etwas Pfeffer bestreuen und servieren.

SPARGEL-QUICHE

40 MIN.   4 STÜCKE

ZUTATEN

FÜR DEN MÜRBETEIG

30 G GESCHÄLTER SESAM

200 G WEIZENMEHL (TYPE 550)

ETWAS MEHL ZUM BEARBEITEN

1 MSP. BACKPULVER

1 TL ANKERKRAUT MEERSALZ, FEIN

120 G BUTTER

ETWAS BUTTER FÜR DIE FORM

FÜR DEN BELAG

250 G WEISSER SPARGEL

250 G GRÜNER SPARGEL

ANKERKRAUT MEERSALZ, FEIN

1–2 TL ANKERKRAUT LIMETTENPFEFFER

2 EIER (GR. M)

100 G SCHLAGSAHNE

AUSSERDEM

1 RECHTECKIGE TARTEFORM (ETWA 10 X 34 CM,
MIT HERAUSNEHMBAREM BODEN)

1. Für den Teig den Sesam im Mörser oder im Zerkleinerer möglichst fein mahlen. Mehl, Backpulver und Salz in einer Schüssel mischen. Butter in kleine Stücke und 2 – 3 Esslöffel kaltes Wasser dazu geben. Die Zutaten mit den Händen rasch zu einem glatten Teig verkneten. Zugedeckt etwa 1 Stunde kühl stellen.

2. Inzwischen den Spargel waschen. Die weißen Stangen ganz, von den grünen Stangen nur das untere Drittel schälen. Den weißen Spargel 3 Minuten in kochendes Salzwasser geben. Den grünen dazu geben und noch 2 Minuten garen. Den Spargel in ein Sieb geben und mit kaltem Wasser abspülen.Den Backofen vorheizen (Ober-/Unterhitze: 200 °C, Heißluft: 180 °C).

3. Den Boden der Tarteform dünn einfetten. Die Hälfte des Teiges auf der bemehlten Arbeitsfläche zu einer Platte (10 x 34 cm) ausrollen, in die Form legen und mit einer Gabel mehrfach einstechen. Im vorgeheizten Backofen auf der unteren Einschubleiste etwa 10 Minuten vorbacken. Die Platte etwas abkühlen lassen.

4. Aus dem restlichen Teig zwei lange Rollen formen, auf den vorgebackenen Boden legen und an den Formrand drücken, dabei darauf achten, dass Teigrand und vorgebackener Boden gut miteinander verbunden sind.

5. Einen Teelöffel Limettenpfeffer im Mörser zerstoßen. Die Spargelstangen in der Form verteilen. Eier, Salz, zerstoßenen Limettenpfeffer und Sahne verrühren und in die Form geben. Die Quiche im vorgeheizten Backofen auf der unteren Einschubleiste bei gleicher Temperatur etwa 30 Minuten goldbraun backen. Die Quiche mit restlichem Limettenpfeffer bestreuen und lauwarm oder kalt servieren.

— TIPP —

Der Flammkuchen schmeckt
frisch am besten. Zum Belegen
kannst Du auch rote Zwiebeln
und dünne Streifen Salami
oder zerbröselten Schafskäse
nehmen.

FLAMM-KUCHEN

40 MIN.   4 FLAMMKUCHEN

ZUTATEN

FÜR DEN TEIG

10 G FRISCHE HEFE
220 G WEIZENMEHL (TYPE 550)
ETWAS MEHL ZUM BEARBEITEN
1 EL OLIVENÖL
½ TL ANKERKRAUT MEERSALZ, FEIN

FÜR DEN BELAG

1 BUND LAUCHZWIEBELN (ETWA 180 G)
100 G DURCHWACHSENER SPECK
200 G SAURE SAHNE
1 – 2 TL ANKERKRAUT QUICHE GEWÜRZ

1. Für den Teig die Hefe mit 130 ml lauwarmem Wasser ver-rühren. Das Mehl in eine Rührschüssel geben. Öl, Salz und die angerührte Hefe dazu geben. Die Zutaten mit dem Mixer (Knethaken) zu einem glatten Teig verarbeiten. Den Teig zugedeckt etwa 40 Minuten an einem warmen Ort gehen lassen, bis sich das Teigvolumen verdoppelt hat.

2. Den Backofen vorheizen (Ober-/ Unterhitze: 250 °C, Heißluft: 230 °C). Für den Belag die Lauchzwiebeln putzen, waschen und schräg in sehr feine Scheiben schneiden. Den Speck in dünne Streifen schneiden.

3. Den Teig in 4 Portionen teilen. Eine Portion auf der be-mehlten Arbeitsfläche zu einem Oval (etwa 20 x 35 cm) ausrollen. Ein Backblech mit Backpapier belegen. Das Oval darauf legen, mit einer Gabel mehrfach einstechen und mit 50 g saurer Sahne bestreichen. Jeweils 1 Viertel der Lauchzwiebeln und des Specks darauf verteilen und mit etwas Quiche Gewürz bestreuen. Den Flammkuchen im vorgeheizten Backofen etwa 7 Minuten backen.

4. Den übrigen Teig auf die gleiche Weise ausrollen, bele-gen und backen. Bei Heißluft 2 Backbleche auf einmal in den Backofen schieben, bei Ober-/ Unterhitze müssen die Bleche nacheinander in den Ofen geschoben werden.

„BESSER ZU VIEL BROT ALS ZU WENIG WEIN."

Aber am liebsten beides zusammen.

Kategorie

HERZHAFTES

CURRY-STANGEN

MIT ERDNÜSSEN

45 MIN.   CA. 55 STANGEN

ZUTATEN

75 G MITTELALTER GOUDA

25 G PARMESAN

80 G DINKELMEHL (TYPE 630)

ETWAS MEHL ZUM BEARBEITEN

1-2 TL ANKERKRAUT HAMBURGER HAFENCURRY

75 G BUTTER

50 G GERÖSTETE, GESALZENE ERDNUSSKERNE

1 EIWEISS

1. Den Gouda und den Parmesan auf der feinen Seite der Haushaltsreibe reiben und mit Mehl und Hafencurry in einer Schüssel mischen. Die Butter in kleinen Stücken dazu geben. Die Zutaten mit den Händen zu einem glatten Teig verkneten, dabei 1 – 2 Teelöffel kaltes Wasser zugeben und mit verkneten. Den Teig zugedeckt mindestens 1 Stunde in den Kühlschrank stellen.

2. Inzwischen die Erdnusskerne hacken. Das Eiweiß und 1 Teelöffel kaltes Wasser verquirlen. Den Backofen vorheizen (Ober-/ Unterhitze: 200 °C, Heißluft: 180 °C).

3. Den Teig auf der bemehlten Arbeitsfläche zu einem Rechteck (etwa 11 x 48 cm) ausrollen, mit Eiweiß bestreichen und mit Erdnüssen bestreuen. Anschließend mit einem Messer oder einem Pizzaroller in knapp 1 cm breite Streifen schneiden. Die Teigstreifen auf zwei mit Backpapier belegte Backbleche legen und im vorgeheizten Backofen 8 – 10 Minuten goldbraun backen. (Bei Heißluft können die Bleche auf einmal in den Ofen geschoben werden.) Die Curry-Stangen mit dem Backpapier auf ein Kuchenrost ziehen und erkalten lassen.

—TIPP—

*Die Käsepops schme-
cken frisch am besten.
Die Zeit zum Trocknen
lässt sich leider
nicht verkürzen.*

MAGIC KÄSEPOPS

5 MIN.   CA. 56 STÜCK

ZUTATEN

1 PCK. GOUDA KÄSE IN SCHEIBEN (150 G, 48 % FETT I.TR.)
1 – 2 TL ANKERKRAUT MAGIC DUST

1. Ein Backblech mit Backpapier belegen. Den Käse in 3 cm große Quadrate schneiden und auf dem Blech 48 Stunden trocknen lassen.

2. Den Backofen vorheizen (Heißluft: 220 °C). Den Käse etwa 3 Minuten im Ofen aufpoppen lassen, danach sofort mit Magic Dust bestreuen und erkalten lassen.

LAUGEN-BREZEL

1 STD.   10 STÜCK

ZUTATEN

FÜR DEN TEIG

10 G FRISCHE HEFE

½ TL ZUCKER

400 G WEIZENMEHL (TYPE 550)

ETWAS MEHL ZUM BEARBEITEN

1,5 GESTR. TL ANKERKRAUT MEERSALZ, FEIN

125 ML MILCH

30 G WEICHE BUTTER

FÜR DIE LAUGE UND ZUM BESTREUEN

30 G NATRON

1 – 2 EL ANKERKRAUT MEERSALZ, GROB

1. Für den Teig Hefe, Zucker und 150 ml lauwarmes Wasser verrühren und zugedeckt 10 Minuten stehen lassen, bis sich kleine Blasen bilden.

2. Mehl und Salz in einer Schüssel mischen und in die Mitte eine Mulde drücken. Das Hefewasser und die Milch hineingeben. Die Butter auf das Mehl geben. Die Zutaten mit dem Mixer (Knethaken) zu einem glatten Teig verkneten. Den Teig mit Mehl bestäuben und zugedeckt etwa 40 Minuten gehen lassen, bis sich das Volumen fast verdoppelt hat.

3. Den Teig auf der bemehlten Arbeitsfläche kurz mit den Händen kneten und in 10 gleichgroße Portionen teilen. Jede Portion zu einer etwa 55 cm langen Rolle formen, bei der die Enden etwas dünner sind. Aus den Rollen Brezeln formen und auf die mit Mehl bestäubte Arbeitsfläche legen. Zugedeckt 10 Minuten ruhen lassen. Den Backofen vorheizen (Ober-/ Unterhitze: 220°C / Heißluft: 200 °C). Das Backblech mit Backpapier belegen.

4. Für die Lauge 1 Liter Wasser im Topf zum Kochen bringen, diesen zur Seite ziehen und das Natron hineingeben (Achtung spritzt). Eine Brezel auf eine Schaumkelle legen, für etwa 30 Sekunden in die siedende Natronlauge geben, mit der Schaumkelle herausheben, kurz abtropfen lassen, auf das Backblech legen und mit grobem Meersalz bestreuen. Auf diese Weise 4 weitere Brezeln eintauchen und bestreuen.

5. Die Brezeln etwa 15 Minuten im vorgeheizten Backofen backen. In der Zwischenzeit die übrigen 5 Brezeln eintauchen und auf ein zweites, mit Backpapier belegtes Backblech legen. Die Brezeln nach dem Backen auf einem Kuchengitter auskühlen lassen.

— TIPP —

Das Brot passt gut zu kräftigem Käse, Schinken und natürlich auch Gegrilltem.

PESTOBROT

45 MIN.   20 SCHEIBEN

ZUTATEN

300 G DINKELMEHL (TYPE 630)
ETWAS MEHL ZUM BEARBEITEN
2 TL TROCKENBACKHEFE
1 TL ANKERKRAUT MEERSALZ, FEIN
5 EL OLIVENÖL
4 EL ANKERKRAUT PESTO VERDE
20 G GERIEBENER PARMESAN
2 EL MILCH

1. Für den Teig Mehl, Hefe und Salz in einer Schüssel mischen. 180 ml lauwarmes Wasser und 3 Esslöffel Öl dazu geben. Mit dem Mixer (Knethaken) etwa 5 Minuten zu einem glatten Teig verkneten. Den Teig zugedeckt 2 Stunden gehen lassen, bis sich das Teigvolumen etwa verdoppelt hat.

2. Inzwischen Pesto verde mit dem restlichen Öl und 3 Esslöffeln kochendem Wasser anrühren, den Parmesan unterrühren.

3. Den Teig auf der bemehlten Arbeitsfläche zu einem Rechteck (etwa 25 x 42 cm) ausrollen und mit Pesto bestreichen. Das Rechteck von der Längsseite her aufrollen. Die Teigrolle diagonal auf ein mit Backpapier belegtes Backblech legen. Anschließend die Rolle der Länge nach, von der Mitte zu beiden Enden, durchschneiden. Die Teigstränge umeinander winden. Den Teig zugedeckt etwa 20 Minuten gehen lassen. Den Backofen vorheizen (Ober-/ Unterhitze: 200 °C, Heißluft: 180 °C).

4. Den Teig dünn mit Milch bestreichen und in den vorgeheizten Backofen schieben. Nach 5 Minuten Backzeit die Temperatur senken (Ober-/ Unterhitze: 180 °C, Heißluft: 160 °C). Das Brot weitere 20-25 Minuten backen.

—TIPP—

*Für einen milderen Geschmack
verwende anstelle der Chorizo
milde Salami oder gekochten
Schinken.*

CHORIZO-PAPRIKA-TASCHEN

40 MIN.   12 STÜCKE

ZUTATEN

500 G GEMISCHTE PAPRIKA

1 ZWIEBEL (100 G)

60 G CHORIZO (IN DÜNNEN SCHEIBEN)

1 PCK. TK- BLÄTTERTEIG (300 G, 6 QUADRATISCHE PLATTEN)

2 EL OLIVENÖL

ETWAS ÖL FÜR DIE FORM

1 – 2 TL ANKERKRAUT TEXAS CHICKEN

2 EIER (GR. M)

ANKERKRAUT MEERSALZ, FEIN

ETWAS MEHL ZUM BEARBEITEN

AUSSERDEM

1 MUFFINFORM (12 MULDEN)

1. Die Paprika der Länge nach vierteln, putzen, entkernen, abspülen und in kurze Streifen schneiden. Die Zwiebel schälen und in Würfel schneiden. Chorizo in Streifen schneiden. Den Blätterteig nach Packungsanleitung auftauen lassen. Den Backofen vorheizen (Ober-/ Unterhitze: 200°C/ Heißluft: 180 °C).

2. Das Öl erhitzen, die Zwiebelwürfel darin 3 Minuten bei mittlere Hitze zugedeckt dünsten. Die Paprikastreifen und Texas Chicken dazu geben und weitere 5 Minuten dünsten. Das Gemüse etwas abkühlen lassen. Die Eier verquirlen, mit den Chorizostreifen unter das Gemüse rühren und mit Salz abschmecken.

3. Die Arbeitsfläche mit etwas Mehl bestäuben. Jede Teigplatte zu einem Rechteck (12 x 16 cm) ausrollen und mit einem scharfen Messer in 4 Streifen (je 4 x 12 cm) schneiden. Die Muffinform einfetten. Jeweils 2 Streifen über Kreuz in eine Mulde legen und rundherum andrücken. Die Paprikamasse in die Mulden verteilen.

4. Das Ganze im vorgeheizten Backofen etwa 25 Minuten backen. Die Form auf ein Kuchengitter stellen. Das Gebäck aus der Form lösen und heiß oder kalt servieren.

„MAN ISST 100 G
SÜSSES UND
NIMMT 500 G ZU“

*Rendite,
die ich gerne
verschenke.*

Kategorie

ZUM VERSCHENKEN

„ICH HABE VERSUCHT, PLÄTZCHEN ZU BACKEN.“

Nun gibt es Wurfsterne.

Kategorie

WEIHNACHTLICHES

—TIPP—

Wer keinen Rum verwenden
möchte, kann diesen mit 3 EL
Apfelsaft austauschen.

SCHARFER WEIHNACHTS-STOLLEN

 50 MIN. 16 STÜCKE

ZUTATEN

350 G WEIZENMEHL (TYPE 550)

ETWAS MEHL ZUM BEARBEITEN

20 G FRISCHE HEFE

50 G ZUCKER

150 ML MILCH

100 G ROSINEN

50 G ORANGEAT

50 G ZITRONAT

50 G GETR. SAUERKIRSCHEN

3 EL BRAUNER RUM

1 TL ANKERKRAUT CHILIFLOCKEN

½ MSP. ANKERKRAUT KARDAMOM, GEMAHLEN

1 MSP. ANKERKRAUT MUSKATNUSS, GEMAHLEN

1 MSP. ANKERKRAUT ZIMT, GEMAHLEN

100 G MANDELSTIFTE

1 TL ANKERKRAUT MEERSALZ, FEIN

120 G WEICHE BUTTER

1 EI (GR. M)

ZUM BESTREICHEN UND BESTREUEN

60 G BUTTER

1 – 2 EL ZUCKER

ETWAS PUDERZUCKER

1. Für den Teig das Mehl in eine Schüssel geben. In die Mehlmitte eine Mulde drücken. Hefe, Zucker und Milch in die Mitte geben und mit etwas Mehl zu einem flüssigen Vorteig verrühren. Den Vorteig zudecken und 40 Minuten gehen lassen.

2. Inzwischen Rosinen, Orangeat, Zitronat und Sauerkirschen etwas kleiner hacken und mit 50 ml kochendem Wasser, Rum und den Gewürzen vermengen. Die Früchte zugedeckt ziehen lassen. Die Mandelstifte in einer Pfanne ohne Fett goldbraun rösten und auf einem Teller erkalten lassen.

3. Salz, Butter und das Ei in die Schüssel zum Vorteig geben und mit dem Vorteig und dem restlichen Mehl verkneten. Den Teig wieder zudecken und an einem warmen Ort etwa 2 Stunden gehen lassen.

4. Eingeweichte Früchte und Mandeln unter den Teig kneten. Den Teig auf der bemehlten Arbeitsfläche zu einem Oval (16 x 32cm) ausrollen. Die Mitte des Ovals der Länge nach mit der Teigrolle etwas eindrücken. Dann die beiden Teighälften der Länge nach aufeinanderlegen, sodass die Stollenform entsteht. Den Teig auf ein mit Backpapier belegtes Backblech legen und nochmals 1 Stunde zugedeckt gehen lassen.

5. Den Backofen vorheizen (Ober-/ Unterhitze: 180 °C / Heißluft: 160 °C). Den Stollen mit Wasser einstreichen und im vorgeheizten Backofen etwa 40 Minuten backen. Den heißen Stollen mit Butter bestreichen, mit etwas Zucker bestreuen und mit einer dünnen Schicht Puderzucker bestäuben. Den Stollen vollständig erkalten lassen. Anschließend fest in 3 – 4 Bögen Backpapier wickeln und mindestens 1 Woche durchziehen lassen. Vor dem Servieren mit Puderzucker bestäuben.

— TIPP—

*Noch saftiger bleibt der Kuchen, wenn
Du dem Teig vor dem Backen noch
1 – 2 EL braunen Rum unterrührst.*

BAUMKUCHEN

80 MIN.   16 STÜCKE

ZUTATEN

FÜR DEN TEIG

3 EIER (GR. M)
150 G ZUCKER
½ TL ANKERKRAUT MEERSALZ, FEIN
100 G MARZIPANROHMASSE
150 G WEICHE BUTTER
70 G WEIZENMEHL (TYPE 405)
50 G SPEISESTÄRKE
1 GESTR. TL BACKPULVER
1 EL ANKERKRAUT GEBRANNTE MANDEL GEWÜRZ

ZUM GARNIEREN

150 G ZARTBITTERSCHOKOLADE
20 G KOKOSFETT
ETWAS ANKERKRAUT BETÖRENDE SCHOKOLADE

AUSSERDEM

1 SPRINGFORM (Ø ETWA 18 CM)
1 FÖHN

1. Den Boden der Springform mit Backpapier belegen. Eier, Zucker und Salz mit dem Mixer (Rührstäbe) etwa 5 Minuten zu einem Schaum aufschlagen.

2. Die Marzipanrohmasse in kleine Stücke schneiden und zusammen mit der Butter in einer zweiten Schüssel schaumig rühren. Mehl, Stärke, Backpulver und Gebrannte Mandel Gewürz mischen und unterrühren. Eierschaum unterheben.

3. Den Backofengrill vorheizen (ca. 220°C). Den Teig in 7 – 8 Schichten backen. Dafür jeweils 3 Esslöffel Teig in die Form füllen und verstreichen. Jede Schicht etwa 2 Minuten braun backen. Der Abstand zum Grill sollte mindestens 15 cm betragen. Für die letzte Teigschicht die Temperatur auf 150 °C (Heißluft 130°C) reduzieren und etwa 10 Minuten backen. Den Kuchen in der Form auf einem Kuchengitter erkalten lassen.

4. Sehr dunkle Kuchenränder entfernen. Von den Kuchenseiten rundherum 3 – 4 unregelmäßige Stücke abschneiden und so an den Kuchen legen, dass ein unregelmäßiger „Baumstumpf" entsteht.

5. Für Schokospäne die Schokolade auf der glatten Seite mit einem Föhn ganz leicht erwärmen und mit einem Spachtel „Späne" abschaben. Restliche Schokolade hacken und zusammen mit dem Kokosfett bei niedriger Hitze über dem Wasserbad schmelzen. Etwas Schokolade mit einer Spritztüte, wie Jahresringe, auf den „Baumstumpf" spritzen.

6. Übrige Schokolade unregelmäßig auf die Seiten träufeln und trocknen lassen. Den Kuchen mit Kakao und Schokospänen garnieren. Kühl gelagert ist der Kuchen mindestens 1 Woche haltbar.

GEBRANNTE MANDELN

30 MIN.   300 G

ZUTATEN

125 G ZUCKER
200 G MANDELN, UNGESCHÄLT
2 TL ANKERKRAUT GEBRANNTE MANDELN GEWÜRZ

1. Den Zucker und 100 ml Wasser in einer Pfanne oder einem flachen Topf aufkochen. Die Mandeln und das Gewürz dazu geben. Das Ganze so lange unter Rühren kochen, bis die Flüssigkeit verdampft ist und der Zucker wieder kristallisiert. Dabei bildet sich ein heller, stumpfer Belag um die Mandeln.

2. Die Hitze reduzieren. Die Mandeln bei niedriger Hitze weiter umrühren, bis der Zucker wieder schmilzt und glänzt. Dann die Mandeln sofort auf ein mit Backpapier belegtes Backblech geben und erkalten lassen.

Wichtig: Wenn Zucker karamellisiert entstehen sehr hohe Temperaturen, deshalb während der gesamten Zubereitungszeit die Mandeln nicht mit den Händen anfassen. Zum Rühren am besten einen Holzlöffel verwenden.

GEWÜRZREGISTER

REZEPTREGISTER

DANKSAGUNG

ALLER GUTEN DINGE SIND... 3

Unglaublich! Nun haltet Ihr schon unser drittes Buch in den Händen. Als allererstes möchten wir uns bei all unseren Kollegen bedanken: Jeder einzelne von Euch macht Ankerkraut zu dem, was Ankerkraut ist. Ihr tragt es genauso im Herzen wie wir und wir danken Euch sehr dafür – ohne Euch wäre das Abenteuer Ankerkraut nicht möglich. 1.000 Dank im besonderen an Juliane und Michaela. Ihr habt auch dieses Projekt gerockt und seid einfach unglaublich.

Außerdem D A N K E an …

• unsere Mamas, die uns das Backen beigebracht haben

• unsere Papas, die immer brav alles gegessen haben, was wir verbackt haben

• unsere Kinder, denen wir versuchen unsere Koch- und Backleidenschaft weiterzugeben

• unsere Großeltern, die immer „lecker" gesagt haben

• unsere Hunde, die es manchmal am Ende im Näpfchen hatten

• unsere Freunde, die uns in allen möglichen Lebenslagen den Rücken freihalten

Und an… E U C H – unsere „Kunden" - wobei das Wort „Kunde" nicht im geringsten widerspiegelt, was Ihr für uns seid: Viele von Euch sind Teil unseres Lebens geworden. Ihr nehmt uns mit in Eure Küchen und lasst uns teilhaben an Euren kulinarischen Kreationen. Wir sind sehr dankbar dafür, dass Ankerkraut Euer Leben ein kleines bisschen schöner, bunter und vor allem leckerer macht.

Herzliche Grüße von

Anne & Stefan

IMPRESSUM

©2019 Ankerkraut GmbH, Niedersachsen
1. Auflage
Alle Rechte vorbehalten.

Ankerkraut GmbH
Reindorfer Osterberg 75
21266 Jesteburg

AUTOREN	Anne und Stefan Lemcke
PROJEKTLEITUNG	Juliane Lackner
DESIGN & ART DIRECTION	Michaela Vargas Coronado
TEXT	Lisa-Marie Kubiak
FOTOGRAFIE	Nicky Walsh
FOODSTYLING	Max Faber
REZEPTENTWICKLUNG	Anne & Stefan Lemcke mit Anke Rabeler und Max Faber
REZEPTÜBERARBEITUNG	Anke Rabeler und Max Faber
WEITERE MITWIRKENDE	Denise Marquardt, Laura Louisa Brockers
LEKTORAT	Gabriele Keienburg
DRUCK	BEISNER DRUCK GmbH & Co. KG Müllerstraße 6 21244 Buchholz in der Nordheide
FOTOLOCATION	ellisKÜCHE, Pinneberger Weg 22-24, 20257 Hamburg
ISBN	978-3-00-063681-3

www.ankerkraut.de
Bei Fragen und Anregungen
melde Dich gerne unter
lotse@ankerkraut.de